강화
정수사
법당

전통건축 도면집
강화 정수사 법당
ⓒ 김왕직, 김석순

초판 1쇄 펴낸날 | 2011년 9월 30일

글 | 김왕직 **도면** | 김석순
펴낸이 | 이건복 **펴낸곳** | 도서출판동녘

전무 | 정락윤
주간 | 곽종구
책임편집 | 이상희 **편집** | 박상준 김옥현 구형민 이미종 윤현아
영업 | 이상현 **관리** | 서숙희 장하나

디자인 | 심현정
인쇄 | 영신사 **제본** | (주)다인바인텍 **라미네이팅** | 북웨어 **종이** | 한서지업사

등록 | 제 311-1980-01호 1980년 3월 25일
주소 | (413-756) 경기도 파주시 교하읍 문발리 파주출판도시 532-5
전화 | 영업 031-955-3000 편집 031-955-3005 **전송** | 031-955-3009
블로그 | www.dongnyok.com **전자우편** | planner@dongnyok.com

ISBN 978-89-7297-658-5 04610
ISBN 978-89-7297-655-5 (세트)

• 책값은 뒤표지에 있습니다.
• 이 도서의 국립중앙도서관 출판시도서목록(CIP)은
  e-CIP 홈페이지(http://www.nl.go.kr/ecip)에서 이용하실 수 있습니다. (CIP제어번호: CIP2011003937)

강화 정수사 법당

글 | 김왕직 · 도면 | 김석순

동녘

책을 내면서

우리 전통건축은 목조이며 이음과 맞춤에 의해 결구된다는 것이 특징이다. 목조건축은 구석기시대 막집으로부터 출현하지만 톱이나 끌과 같은 건축 연장이 발달하는 철기시대에 이르러 눈부시게 발전했다. 톱과 끌은 이음과 맞춤을 가능하게 했고 이음과 맞춤은 건축을 좀 더 튼튼하게 했으며 움집에서 지상건축으로 발전할 수 있게 했다. 이후 건축은 용도와 기능, 규모가 다양해지고 건축 구법도 점차 발전해 갔다. 지금과 같은 '기둥-보' 방식의 건축 구법이 나타난 것은 철기시대 정도로 추정하고 있다.

우리나라에서 현존하는 가장 오래된 건물은 안동 봉정사 극락전이다. 안동 봉정사 극락전은 고려시대 건물 중에서도 시기가 가장 앞선다. 다음이 영주 부석사 무량수전, 예산 수덕사 대웅전, 강릉 임영관 삼문으로 이어진다. 고려시대는 주심포 형식이 주류를 이루었으며 조선시대에 이르러 다포 형식이 보편화되었다. 이러한 구법의 변화와 관계없이 우리 전통 목조건축은 모두 이음과 맞춤에 의해 부재들이 서로 조립된다는 특징이 있다. 따라서 우리 전통건축은 서양식 2차원 도면으로는 이해할 수 없는 부분이 너무 많기 때문에 3차원 도면으로 그려야 한다.

이런 뜻에서 문화재로 지정된 전통 목조건축 중에서 대표적인 건물을 선정하여 조립 순서에 따라 3차원 도면으로 작성한 도면집을 발간하게 되었다. 이 책은 이음과 맞춤에 대한 정확한 고증이 필요했기 때문에 해체수리가 이루어진 건물을 대상으로 하였다. 지금까지 목조건축 중에서 해체수리가 이루어지고 보고서가 발간된 건물은 30여동에 이른다. 이 30여동을 대상으로 도면집을 발간하게 되었으며 앞으로 해체수리가 더 이루어진다면 추가 발간할 예정이다. 이러한 건물들은 대개 해체수리보고서가 있지만 2차원 도면이고 방대하며, 비매품이어서 일반인이 접근하기 어렵다. 누구나 쉽게 우리 건축을 입체적으로 이해할 수 있도록 하자는 목적으로 이 책을 발간하게 되었다.

책에 실려 있는 이음과 맞춤 등은 정확한 고증에 따른 것이며 현존 상태를 기준으로 했다. 현재 부재가 교체되었거나 이음과 맞춤이 원형과 달라진 것 등은 구분할 수 있도록 별도 표기했다. 이 책은 그림 중심이기 때문에 초보자도 누구나 쉽게 이해할 수 있으며 답사 때 휴대하고 간다면 현장에서 볼 수 없는 이음과 맞춤도 동시에 볼 수 있어서 효과적일 것이다. 또 현장에 가지 않더라도 영상을 그리듯 건물을 이해하는 데 손색이 없을 것으로 기대한다.

이 책이 우리 전통건축을 공부하는 데 좋은 기초 자료가 되기를 기대하며 독자들의 많은 충고와 고언을 기다린다. 힘든 도판작업을 함께한 이

영수 박사, 김석순 소장과 사진촬영을 도와준 김대성 후배에게 감사드린다. 그리고 무엇보다 어렵고 고된 편집 작업임에도 불구하고 출판을 허락해 주신 동녘 이건복 사장님과 이상희 부장님을 비롯한 출판사 식구들에게도 감사드린다.

2011. 7
함박골에서 저자 김왕직

강화 정수사 전경

법당 전경

꽃살문

배면 공포

전면 공포

고주 공포

천장

닫집

창건과 변천

강화 정수사는 마니산摩尼山 동쪽 기슭에 있는 사찰이다. 강화도 서남단에 위치한 마니산은 해발 467m로 강화에서 제일 높은 산이며 강화의 진산鎭山이다.

　강화 정수사 창건에 관한 기록은 대개 1942년에 쓰인 《전등본말사지傳燈本末寺誌》에 근거하고 있다. 강화 정수사는 신라 선덕여왕 8년639에 회정선사懷正禪師가 창건했다고 한다. 그러나 이 기록은 어디에 근거한 것인지 알 수 없다. 강화 정수사 법당과 관련된 가장 이른 기록은 1957년 해체공사 때 발견된 현종 8년1667 윤4월 21일 5중창 공사를 마치고 작성된 상량문이다. 그러나 이 상량문에도 "永樂貳拾一年癸卯改重創"이라고 해서 초창에 대한 기록은 없고 세종 5년1423에 처음으로 중창한 기록만 있다. 조선시대 각종 지리지에도 정수사의 위치만 기록되어 있을 뿐 창건 연대에 대한 언급은 없다. 또 '淨水寺'라고 하지 않고 모두 '淨水庵'이라고 기록하였다. 현종 조1659~1674에 발간된 《동국여지지東國輿地志》에는 "정수암은 마니산에 있으며, 이안눌李安訥의 시에 의하면 오랜 역사를 간직한 부도전浮屠殿이 산 동쪽 기슭에 있으며 인적이 드물고 바다에 면해 있다"고 나온다. 영조 때1724~1776 발간된 《가람고伽藍考》에도 "정수암은 마니산에 있으며 부도전과 아울러 안평대군安平大君이 쓴 금자불경金字佛經 3책이 전한다"고 나온다. 《신증동국여지승람》1757과 《범우고梵宇攷》1977에는 아주 간단하게 정수암은 마니산에 있다고만 기록되어 있다. 지리서의 최종 종합본이라고 할 수 있는 《여지도서輿地圖書》에도 내용만 길 뿐 정수암은 마니산에 있으며 부도전과 금자경전 3권이 있다는 다른 지리서의 내용을 벗어나지 않는다. 따라서 《전등본말사지》의 신라시대 창건에 관한 기록은 전설이었을 가능성이 높다.

　이전의 기록이 없다면 상량문에서 초중창이라고 한 세종 5년을 창건 연대로 추정할 수 있다. 상량문에 따르면 두 번째 중창은 세조 4년1458에 있었다. 2중창 공사는 초창 후 30여년이 지난 시점이어서 대대적인 중창 공사는 아니었을 것이다. 3중창 공사는 명종 8년1553에 있었다고 상량문에 기록되어 있다. 3중창 공사의 내용은 상량문 이외에 종도리 묵서에도 자세히 남아 있다. 내용으로 미루어 최소한 도리 이상은 해체한 공사였다. 그러나 2003년도에 해체하면서 조사한 연륜 연대에 의하면 상량문에서 기록한 2중창1458과 3중창1553 사이인 중종 19년1524에 퇴량이 교체되는 대대적인 중창 공사가 있었음을 알 수 있다. 1524년 중건 때는 전면 정칸의 퇴량 2개와 전면 빗반자틀, 불단, 불벽, 전면 도리 1개, 후면 도리 1개, 소주두, 후면 정칸 주두 2개, 소로, 대공 3개, 동자주 1개, 전면 정칸 보아지 2개, 동측면 고주보아지 2개, 동서 퇴 전면 고주의 첨차, 북서 귓기둥의 익공 부재, 동자주행공, 창방과 장혀 등이다. 대대적인 해체 중수 공사였음을 알 수 있다.

또 연륜연대 측정 결과 대량과 전면 퇴의 양측면 퇴량은 연대 측정에 실패하였지만 1500년 이전의 부재일 가능성이 크다고 한다. 그렇다면 대들보를 포함한 법당의 기본 골격은 2중창1458 이전에 형성되었다고 볼 수 있다. 전면 퇴의 양측면 퇴량은 종보로 사용했던 구부재를 재사용한 것으로 추정되는데 이 부재도 1500년 이전 부재라면 2중창 공사 때에는 종량 위에 'ㅅ'자 대공 또는 솟을합장이 있는 구조였음을 추정해 볼 수 있다. 그 근거는 퇴량 부재 위쪽에 지금도 인자대공을 고정했던 홈이 남아 있기 때문이다. 전면 퇴기둥과 퇴기둥 상부의 포 부재에 대한 연륜연대 측정이 없어서 아쉽기는 하지만 전면 정칸의 퇴량 2개가 중종 18년1523년에 벌채된 것이고 양쪽 측면의 퇴량은 1500년 이전의 종보를 재활용한 것이라면 2중창 공사 때까지는 전면 퇴가 없는 인자대공이나 솟을합장이 있는 측면 3칸의 맞배건물이었는데 중종 19년에 중창공사를 하면서 전면 퇴를 달아내고 인자대공을 생략하면서 지금의 구조로 만들어진 것으로 추정해 볼 수 있다. 그리고 빗반자 부재는 선조 18년1585의 것으로 4중창 공사 때 가설된 것으로 추정해 볼 수 있다. 즉 현재의 건물은 중종 19년 중수하면서 모습이 만들어진 것이고 그 이전에는 전퇴 칸이 없고 솟을합장이 있는 맞배건물이었을 것으로 추정할 수 있다.

4중창은 두 상량문에 따르면 "四重創萬曆十四年丙戌"이라고 했다. 만력 14년병술은 선조 19년1586에 해당한다. 연륜연대 측정 결과에 따르면 선조 17년1584에 부재를 벌채하여 사용한 것으로 나타나 상량문의 기록과 일치하고 있다. 4중창 때 교체된 부재는 서측면 고주 2개와 주두 1개, 동측면 뒤쪽 고주 1개, 전면 정칸 동쪽 고주 1개와 우물반자 귀틀 및 청판과 빗반자틀, 장혀 일부와 전퇴 서쪽 내부기둥의 초각부재 등으로 나타났다. 교체의 범위로 보아 4중창 공사도 전면해체 공사였음을 추정해 볼 수 있으며 내부 빗반자는 이때 만들어졌음을 알 수 있다. 이후에도 여러 번 중창 공사를 거쳐 최종으로 2002년부터 2004년까지 8중창 해체 공사가 있었다.

구조와 형식

강화 정수사 법당은 전면 퇴가 있는 맞배건물로 금당 건물로는 매우 보기 드문 형식이다. 강화 정수사에는 현재 법당을 중심으로 동쪽에 요사채가 있고 서북쪽 언덕 위에는 삼성각이 자리 잡고 있으나 두 건물은 모두 근래에 지어진 것들이다. 법당은 장대석기단인데 최근 전면에 화단을 덧붙였다.

경사지에 지어진 법당은 앞뒤 기단에도 높이 차이를 두어 수평으로 했을 때 앞쪽이 올라가 보이는 착시현상을 교정했다. 평면은 정면 3칸, 측면 4칸인데 전퇴는 중종 19년 중창공사 때 덧붙여진 것이다. 초창 때에는 정면과 측면이 모두 3칸이었다. 정면 정칸은 10자가 조금 넘는 정도이고 좌우 협칸은 9자가 조금 넘는 정도이다. 측면 네 칸은 주칸 길이의 편차가 크다. 중앙의 정칸은 9자인데 전면 퇴는 6자, 전면 협칸은 6자가 넘고 후면 협칸은 7자가 조금 안 되는 정도로 일정치 않다. 여러 번의 중수 과정에서 주칸 크기가 변화된 것으로 볼 수 있다.

내부는 모두 우물마루가 깔려 있는데 1991년 보수 공사 이전에는 장마루였다. 초창 때에는 물론 마루가 없었을 것이다. 후퇴 쪽은 마루를 한 단 높였다. 초석은 자연석이며 기둥은 모두 원기둥인데 배흘림이 있다. 가구는 기본적으로 2고주5량인데 여기에 퇴를 덧붙인 형태이다.

평주와 고주를 막론하고 기둥머리에는 모두 포를 올린 주심포 형식의 특징을 보여 준다. 측면에서는 고주와 평주 사이에 전퇴를 제외하고는 퇴량을 사용하지 않고 인방재로 연결한 것도 주심포 형식의 가구 특징이다. 내부에서는 전후 평주에 대들보를 걸었으며 후불벽에 후불기둥을 보 밑으로 세웠다. 이 기둥 위에도 고주행공과 익공으로 장식했다. 대들보 위에는 포형 동자주를 세우고 종보를 올렸으며 종보 위에는 파련대공을 놓고 종도리를 걸었다. 도리는 모두 굴도리며 후면 평주와 전면 퇴기둥 위에서 각각 일출목을 냈다. 2002년 해체 조사에 따르면 종량으로 사용되었던 것으로 추정되는 현재의 퇴량에서 솟을합장을 앉았던 흔적이 나타났으며 연륜연대 조사를 근거로 추정한다면 초창부터 중종 19년까지는 2고주5량의 솟을합장이 있는 맞배 주심포 형식의 건물이었다고 추정할 수 있다. 지금처럼 전퇴가 덧달린 것은 중종 19년의 보수 공사 때라고 추정되며 이때 솟을합장을 없애고 천장을 가설했다. 천장 속에 숨어 있는 대공의 조각이 정밀한 파련대공이라는 것도 추정의 단초가 된다.

천장은 종량 부분인 고주칸은 우물천장이고 퇴는 빗천장이다. 빗천장은 'X'자로 귀틀을 보낸 다음 긴 널을 깔아 만들었는데 귀틀에는 마치 꽃살창처럼 각종 꽃을 조각했다. 그리고 모서리 추녀아래에는 화병을 조각해 넣으므로 해서 귀틀의 꽃이 마치 화병에서 피어난 것처럼 화려하게 꾸몄다.

공포는 기본적으로 주심포 형식이라고 할 수 있다. 전면 퇴는 중종 19년 이후 추가된 것으로 살미는 익공 모양이며 전체적으로 2출목3익공 형태이다. 첨차는 모두 연꽃과 연봉이 투각으로 조각된 연화형이며 화려하다. 전퇴를 제외하고 초창의 모습을 상상하면서 공포를 살펴보면 후면 평주의 공포가 초창 때의 원형이라고 볼 수 있다. 일반 주삼포 형식과 같이 기둥머리 위에 먼저 헛첨차를 두고 그 위에 주두를 올렸으며 주두 위에서 초제공과 주심첨차가 만난다. 출목에서는 헛첨차 끝에 소로를 올리고 여기서 출목첨차와 초제공이 십자로 만나도록 하였다. 초제공 위에는 운공이 있으며 운공은 도리방향의 인방재와 짜여 있다. 초제공은 익공 모양이지만 헛첨차와 주심 및 출목첨차는 고려 주심포 형식의 일반적인 모양인 옆면을 사절하고 아랫면을 연화두 형식으로 했다. 공포 형식이나 부재의 모양을 보면 고려 말에서 조선 초로 이어지는 시기의 주심포 형식 건물과 같다. 따라서 정수사 법당의 초창은 조선 초로 볼 수 있으며 그 흔적이 후면 공포에 남아 있다.

장혀는 주삼포 형식에서는 단혀를 쓰는 것이 보통이지만 여기서는 공포 부분은 장혀 춤이 높고 주간에서는 춤을 낮춰 단혀의 모습을 하려고 노력한 흔적을 볼 수 있다. 전면 평주 위 공포는 퇴가 추가되면서 변형되었다. 먼저 출목을 없애면서 헛첨차의 끝을 잘랐으며 초제공도 파련이 조각된 익공 형식으로 바뀌었고 보 머리의 수장 폭을 줄여 출목까지 빼 운공을 만들던 것을 출목이 없으므로 짧게 잘라 조각하여 마무리했다.

강화 정수사 법당은 작지만 조선 초 몇 안 되는 주삼포 형식 건물이라는데 건축 양식적인 의미가 있다. 또 꽃살을 비롯한 빗천장, 공포 등에서 화려함의 극치를 보여 주는 상업주의적 경향을 보인다는 차원에서 사회적 생산 배경을 읽을 수 있는 중요한 건물이다. 꽃살문도 보편적으로는 문살이 만나는 교차점에서 꽃을 조각하는 기하학적인 것이 일반적인데 여기서는 판재를 붙여 통판으로 꽃을 조각했다. 초기 꽃살문의 시원 양식을 보여 주는 형태로 볼 수 있다.

기단

기단은 지면으로부터 단을 두어 습기를 차단하고 통풍과 채광을 원활하게 하는 역할을 한다. 장대석기단이며 건물 앞뒤의 단차로 인해 전면은 세벌 대이지만 후면은 외벌대이다. 기단이 만들어진 것은 전면 퇴를 덧달아 낸 중종 19년으로 추정된다. 근래에는 앞마당을 평탄하게 정지하면서 단차가 심해져 다시 두벌대의 장대석기단을 덧달고 화단을 꾸몄다. 원래 모습은 아니다. 양측면과 후면 기단은 여러 번 개축하면서 원형을 잃어버린 것으로 추정된다. 기단 자체도 앞뒤로 단차가 있다. 경사지형에 기단을 만들 때는 착시현상을 없애기 위해 자주 사용하는 기법이다. 서측 기단에서 자연석을 그대로 살린 것도 한국건축의 매력이라고 할 수 있다.

전면

뜰

서쪽

동쪽

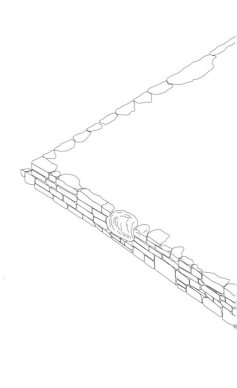

기단 조립 투상도

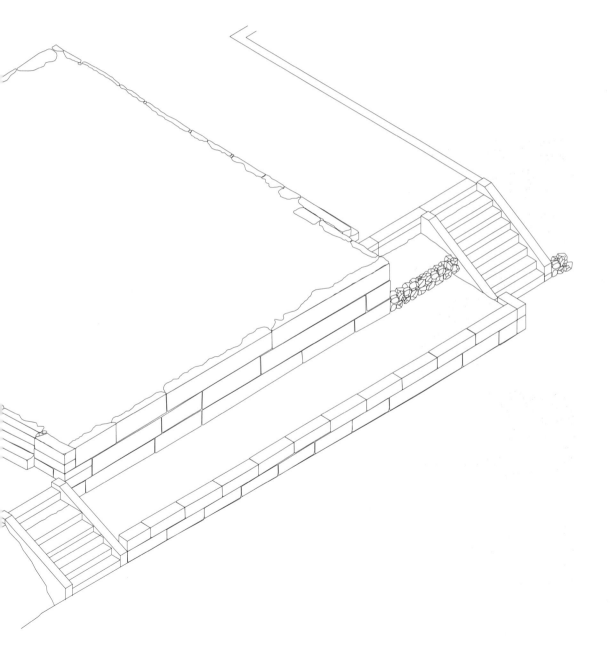

초석

초석은 기둥 하부를 썩지 않게 하고 기둥의 하중을 지면에 원활하게 전달하는 역할을 한다. 자연석초석덤병주초을 사용하였다. 자연석초석이라고 해서 가공이 전혀 가미되지 않은 것은 아니다. 네 면을 개략 다듬어 방형에 가깝게 만들었고 기둥이 앉는 주좌면을 평평하게 다듬어 사용했다. 초석이 놓이는 기단 바닥은 강회다짐을 했고 장대석 디딤돌을 놓아 마루에 오를 수 있게 했다.

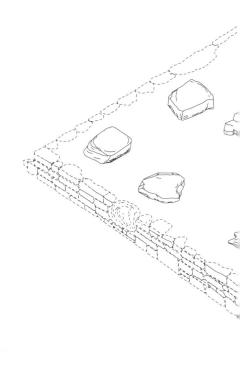

초석 조립 투상도

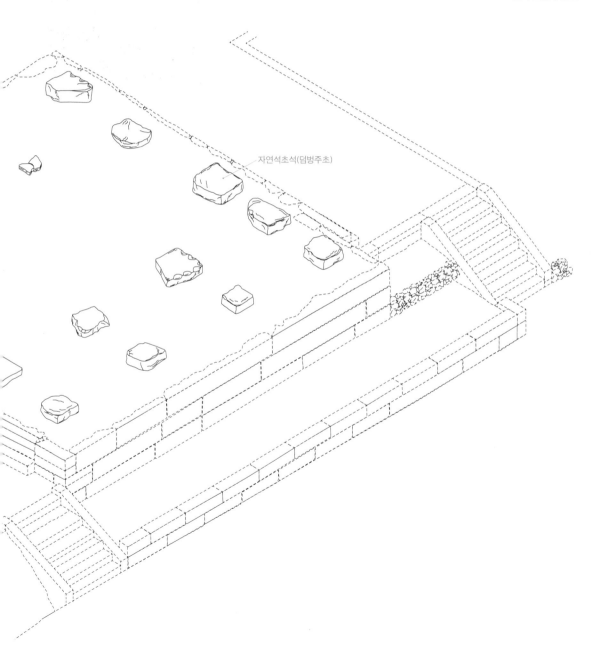

자연석초석(덤벙주초)

기둥

기둥은 수직으로 힘을 전달해 주는 가장 중요한 구조 부재이다. 기둥 하부는 그렝이질하여 초석면과 밀착시켰고 기둥머리는 평주와 고주 모두 '十'자로 터서 창방과 익공, 장혀와 익공, 행공과 익공을 맞춤하였다. 이를 사개맞춤이라고 한다. 기둥은 상부 직경이 가장 작고 아래로 갈수록 굵어지다가 다시 초석에 가까울수록 가늘어지는 배흘림 기법을 사용했다. 그러나 모든 기둥에 배흘림이 있는 것은 아니다. 기둥 종류와 위치에 따라서 민흘림으로 만든 기둥도 혼용되었다. 이와 같은 흘림 기법은 고대건축에서 흔히 쓰이는 것으로 착시현상을 교정하기 위한 세련된 건축 기법이다. 가장 앞열의 퇴기둥은 4본으로 직경이 1.2자 정도이고 높이는 8자 정도이다. 전후의 평주는 8본으로 전면은 11자 정도로 높고, 뒷기둥은 10자 정도로 낮다. 이는 지형의 단차를 기둥 높이를 통해 조절한 결과이다. 기둥의 직경은 퇴기둥과 유사한 1.1자를 사용했다. 고주는 양측면에 2본씩 총 4본이며 직경은 1.4자 정도이고 높이는 15자 정도이다. 내부에서는 불단 양쪽에 고주 아래로 후불기둥을 두었다.

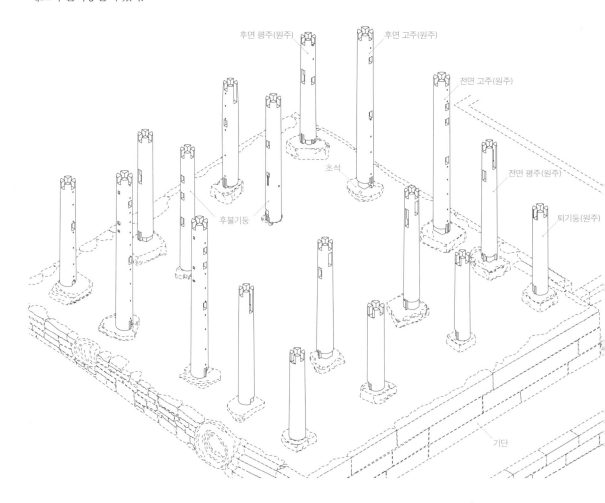

고주행공

고주행공은 고주익공과 기둥머리에서 사개맞춤되는 부재로 주심포나 익공 건물의 행공주심첨차과 같은 역할을 한다.

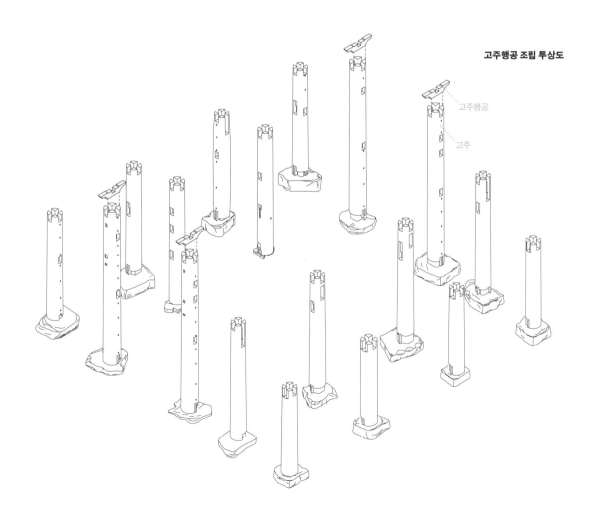

고주행공 조립 투상도

고주행공

고주

창방

창방은 기둥머리를 연결하여 기둥이 움직이지 않도록 잡아 주는 역할을 한다. 조선시대 다포 형식 건물에서는 창방의 폭이 넓지만 조선 초 이전의 주심포 형식 건물에서는 장혀 및 인방재들과 같이 폭이 작은 것을 사용했다. 또 맞배 건물에서는 측면에서 평주와 고주를 잇는 인방재 역할을 하는 창방을 사용하기도 한다. 그 뺄목은 헛첨차나 익공이 되기도 한다. 조선후기 창방과는 다르지만 아직 구체적인 명칭이 발견되지 않아 이를 장혀형 창방이라고 명명하기로 한다. 전퇴 퇴기둥의 도리방향 창방은 조선후기 다포 형식 건물과 같이 폭이 넓은 창방이 사용되었다. 창방뺄목은 별도로 따로 만들어 꽂았다. 원래는 창방과 통부재로 만드는 것이 원칙이다. 나머지 부분의 창방은 모두 폭이 작은 장혀형 창방을 사용했다. 측면의 고주 사이와 고주와 평주 사이에도 장혀형 창방이 사용되었는데 전면은 초각형 헛첨차로 뺄목을 삼았고 후면은 연화두형 헛첨차로 뺄목을 삼았다.

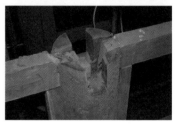

창방 조립 투상도

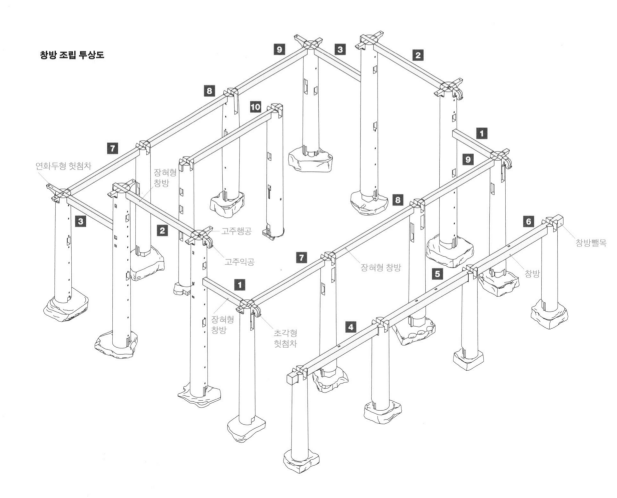

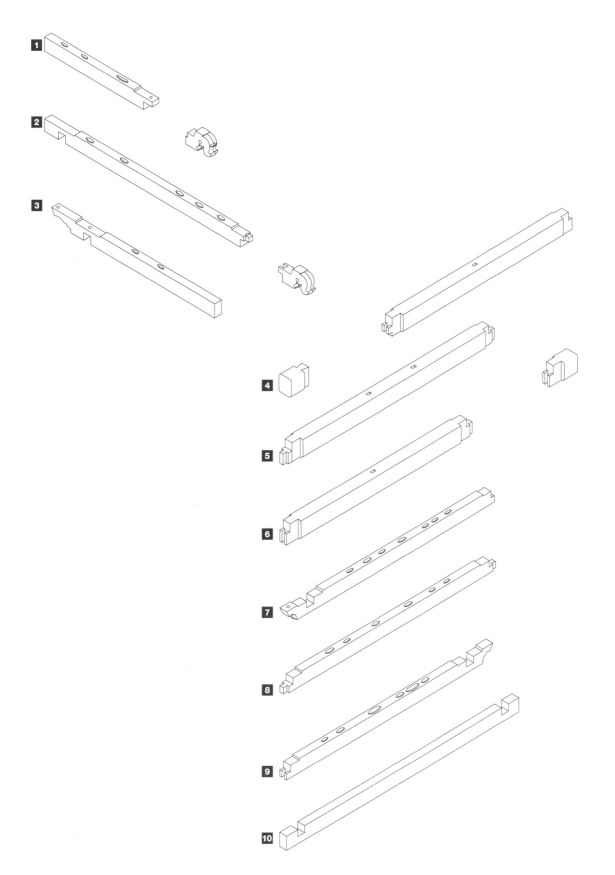

초익공과 헛첨차

초익공은 익공형 공포에서 맨 아래에 놓이는 살미 부재이다. 살미의 형태가 끝이 뾰족한 새 날개 모양으로 생겼다고 하여 붙여진 이름이다. 초익공은 중종 19년에 증축된 전면 퇴기둥에서 사용되었다. 창방과 직각으로 기둥머리에서 사개맞춤으로 만나는데 주심포 건물의 헛첨차와 같은 역할을 한다. 배면의 헛첨차는 귓기둥에서는 고주와 평주를 잇는 평방뺄목이 이 역할을 하고 있으며 정칸 기둥에서는 고주가 없기 때문에 내부를 당초모양으로 초각하고 외부는 귓기둥과 같이 연화두형으로 했다. 헛첨차의 옆면을 사절하고 밑면은 중괄호 형태의 연화두로 한 것은 주로 고려시대 주심포 건물에서 나타나는 것으로 정수사 법당이 1500년대 이전에 지어졌음을 증명한다. 전면 평주의 헛첨차는 퇴를 달면서 역할이 없기 때문에 연화두 부분을 수직으로 잘라 버렸음을 알 수 있다. 내부 후면의 후불기둥은 창방과 직교하여 보아지를 초각형으로 만들어 사개맞춤했다.

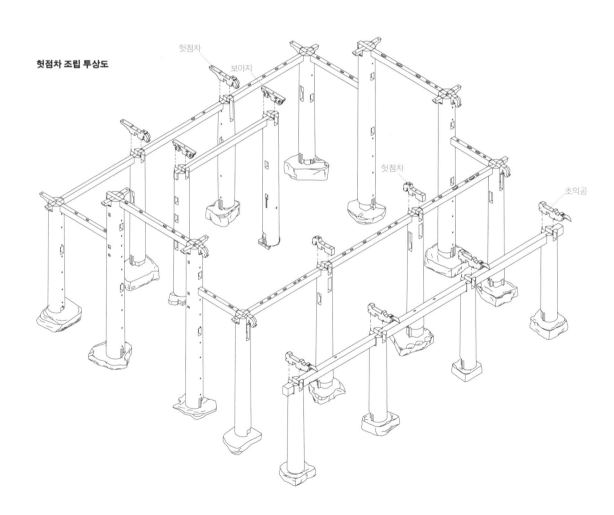

헛첨차 조립 투상도

헛첨차

보아지

헛첨차

초익공

전면 퇴기둥열 귓기둥 사개맞춤ㆍ창방을 받을장으로 하고 초익공을 업힐장으로 하여 사개맞춤하였다. 세부적으로는 창방을 외장부로하고 외장부 끝 일부를 반턱 받을장으로 하여 암주먹장으로 했다. 그렇다면 창방뺄목은 외장부로하고 외장부 끝을 반턱 받을장으로 하여 숫주먹장으로 해야 맞춤이 되는 것인데 여기서는 창방뺄목을 통주먹장으로 하여 창방과 별도로 맞춤 없이 분리시켰다. 몇 차례의 중창 과정에 변형된 것으로 추정된다. 그리고 원래는 창방과 창방뺄목은 통부재로 연결되어 있어야 한다.

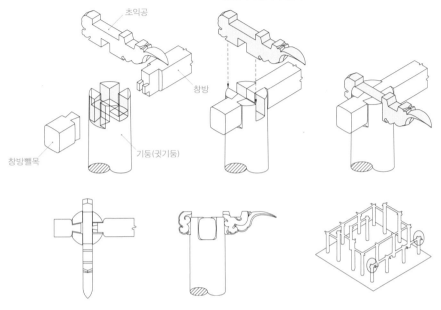

전면 퇴기둥열 평주 사개맞춤ㆍ정칸의 좌우 기둥은 뺄목이 없기 때문에 창방과 창방이 도리방향에서 이음으로 만나고 여기에 수직으로 초익공이 사개맞춤된다. 정칸의 창방은 양쪽을 외장부로 하고 익공과 만나는 곳에서는 반턱 받을장으로 하여 암주먹장으로 했다. 양쪽 협칸의 창방은 정칸 창방과 이음이 되도록 하기 위해 반턱 받을장의 숫주먹장으로 했다. 초익공은 반턱 업힐장으로 하여 창방과 창방이 연결되는 곳에서 수직으로 짜여졌다. 그러나 익공의 윗단은 기둥머리로부터 올라와 있기 때문에 밑선도 창방보다 위에 두었다. 따라서 기둥 사갈은 창방 쪽이 깊고 익공 쪽이 낮다.

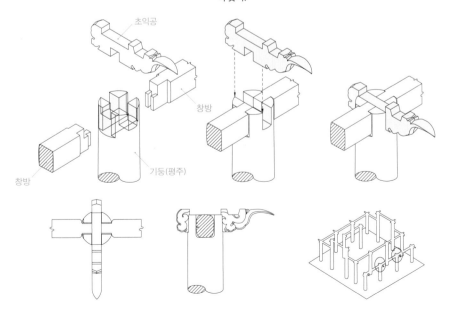

전면 평주열 귓기둥 사개맞춤 • 사개맞춤 아래에는 퇴량과 보아지가 꽂히는 장부구멍이 있다. 기둥 사갈에서는 보방향과 도리방향의 장혀형 첨차가 십자로 짜인다. 도리방향 창방이 받을장으로 보방향 창방이 업힐장으로 반턱맞춤이다. 보방향 첨차의 뺄목이 곧 헛첨차가 되는데 두 부재는 별도부재를 턱이음으로 했다. 도리방향 창방은 통부재로 뺄목부분을 연화두형 첨차 형식으로 했다. 중종 19년 전퇴가 만들어지기 전까지는 후면 평주와 같이 연화두형 헛첨차가 밖으로 나오고 당초형 뺄목은 안쪽으로 들어가야 하는데 퇴가 증축되면서 기능이 사라져 내부 당초를 돌려 쓴 것으로 추정된다. 그것은 평주의 헛첨차를 보아도 알 수 있다.

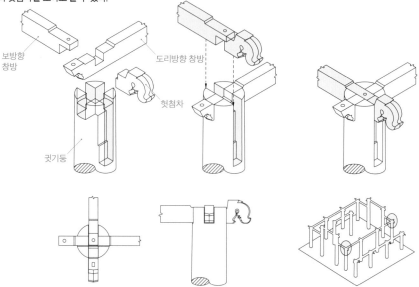

보방향
창방

도리방향 창방

헛첨차

귓기둥

전면 평주열 평주 사개맞춤 • 기둥 사갈부분에서 도리방향으로는 정칸 창방과 협칸 창방을 반턱 주먹장으로 연결하여 받을장으로 했다. 여기에 직교하여 헛첨차를 업힐장으로 반턱맞춤하였다. 헛첨차는 통부재로 내부는 당초를 초각했고 외부는 수직으로 잘랐다. 전퇴가 증축되면서 헛첨차의 기능이 사라져 후면 평주에서와 같이 연화두형의 헛첨차 끝을 수직으로 잘라낸 것이다.

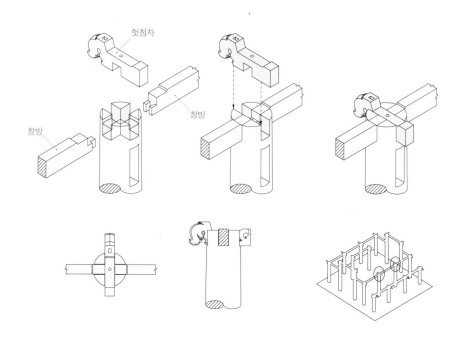

헛첨차

창방

창방

후면 평주열 귓기둥 사개맞춤 • 후면 평주열의 사개맞춤은 초창 때의 모습을 그대로 간직하고 있는 것으로 볼 수 있다. 전면 평주열도 이와 같았을 것인데 전퇴가 증축되면서 지금과 같이 변형된 것이다. 귓기둥에서는 도리방향과 보방향 창방이 직교하여 받을장과 업힐장으로 맞춤되었다. 창방 빼목부분이 헛첨차를 이루는데 모두 옆면을 사절하고 밑면을 연화두형으로 한 고려시대 전형적인 첨차 양식이다. 이로 미루어 이 건물은 최소 세종 5년 이전에 초창되었음을 알 수 있다.

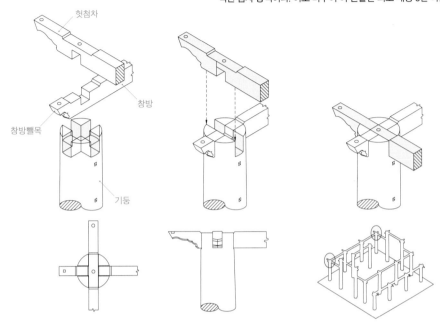

후면 평주열 평주 사개맞춤 • 정칸 양쪽 기둥에서는 도리방향 첨차가 반턱주먹장으로 이음되고 받을장 역할을 하며 헛첨차는 창방과 직교하여 업힐장으로 맞춤되었다. 헛첨차의 외단 쪽은 연화두형이며 내단 쪽은 당초형으로 했다. 전면 평주열의 정칸도 이와 같았을 것인데 역시 퇴를 증축하면서 변형되었다.

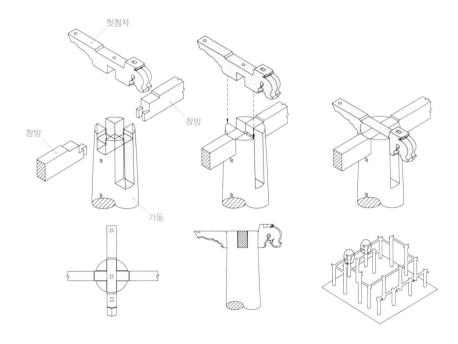

전면 고주 사개맞춤 • 고주에서는 고주창방과 고주행공이 업힐장과 받을장으로 맞춤된다. 고주행공은 고려시대 전형 양식인 연화두형 첨차 모양이고 고주창방과 고주익공은 반턱주먹장으로 이음하였다. 고주익공은 전후면 평주 헛첨차와 같이 당초로 조각하였다.

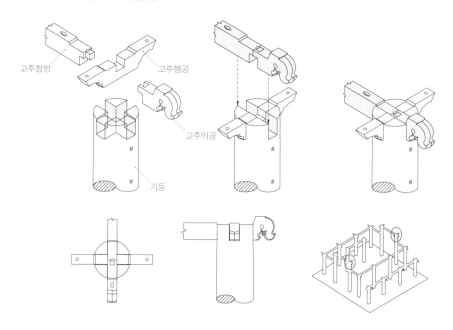

후면 고주 사개맞춤 • 후면의 고주행공은 전면과 같으나 고주창방과 익공이 전혀 다르다. 통부재로 창방뺄목을 조각하지 않고 직절했다. 후면이기 때문에 원래부터 초각 없이 직절했는지 후에 수리하면서 부재가 교체된 것인지 알 수 없다.

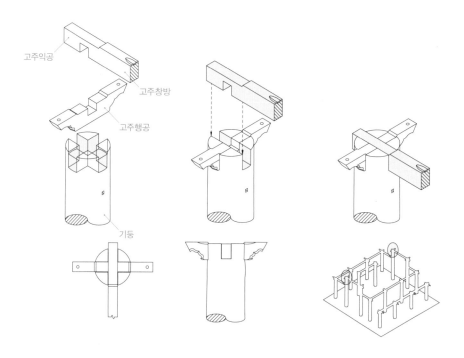

후면 내고주 사개맞춤 • 후불벽 양쪽에 위치하며 대들보 밑을 받치고 있는 보조기둥이다. 기둥머리 사갈에서는 창방과 보아지가 직교하여 받을장과 업힐장으로 맞춤되었다. 창방뺄목은 직절하였으며 보아지는 통부재로 양쪽을 당초로 조각했다.

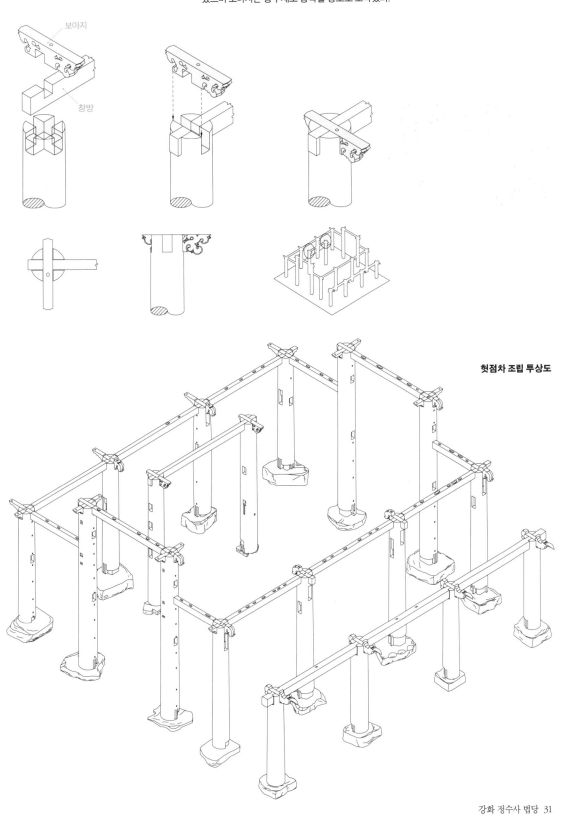

보아지

창방

헛점차 조립 투상도

전퇴 화반

화반은 주심포 형식이나 익공 형식 건물에서 주심 사이에 놓여 도리의 하중을 창방으로 전달해 주는 역할을 한다. 전퇴에만 설치되었으며 중앙 정칸에는 화반 두 개가 한 덩어리로 조각된 것이 놓였으며 양 협칸에는 각각 하나씩 놓였다. 화반은 연화형으로 연꽃과 줄기가 투각 형식으로 조각되었다.

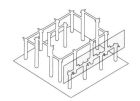

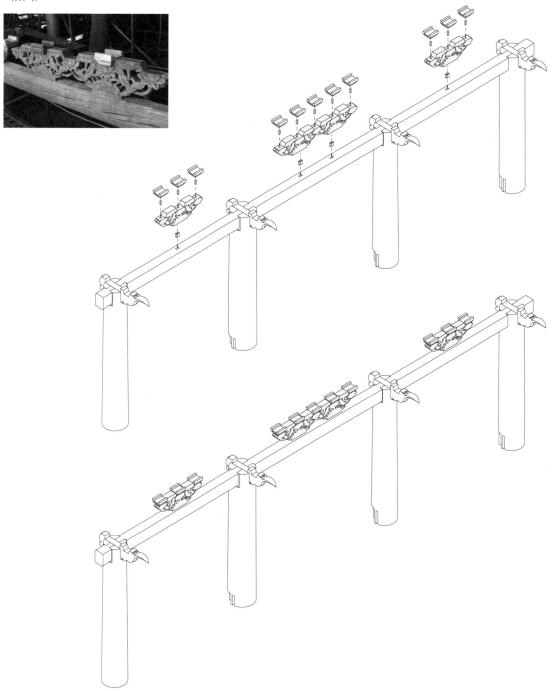

주두

주두는 대들보 아래에 놓인 후불기둥 2개를 제외한 나머지 16개 기둥에
모두 놓였다. 주두는 정방형으로 상부는 사갈을 트는데 여기에서는 익공
과 첨차가 십자로 맞춤된다. 주두의 하부는 촉으로 고정하며 주두 위에서
는 공포가 구성된다. 공포를 타고 내려오는 하중을 기둥에 전달하는 매개
체 역할을 한다. 주두의 형태는 굽을 사절하고 굽 받침이 없는 조선시대 일
반적인 형식이다.

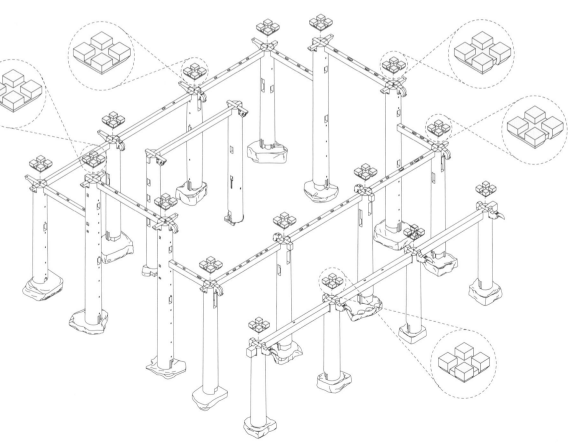

공포

공포는 주두 위에 첨차를 십자로 짜 올려 도리와 보의 하중을 분산시켜 기둥에 전달하는 역할을 한다. 공포는 기둥 위에만 공포를 배치하는 주심포 형식 및 익공 형식이 있고 기둥 사이에도 포를 배치하는 다포 형식이 있다. 공포는 구조적인 역할도 하지만 건물을 화려하게 장식하는 장엄의 효과도 있으며 출목도리를 걸어 처마를 많이 빼는 효과도 있다. 강화 정수사 법당의 공포는 주심포 형식이다. 측면 정칸 공포는 초창 때 모습으로 추정된다. 첨차의 모양은 고려시대에서 조선 초로 이어지는 시기의 양식적 특징을 지녔다. 덧달아 낸 전면 퇴 기둥열의 공포는 2출목3익공의 익공 형식 공포이다. 익공 및 첨차가 높고 화려하며 규모가 웅장하다.

전퇴

배면

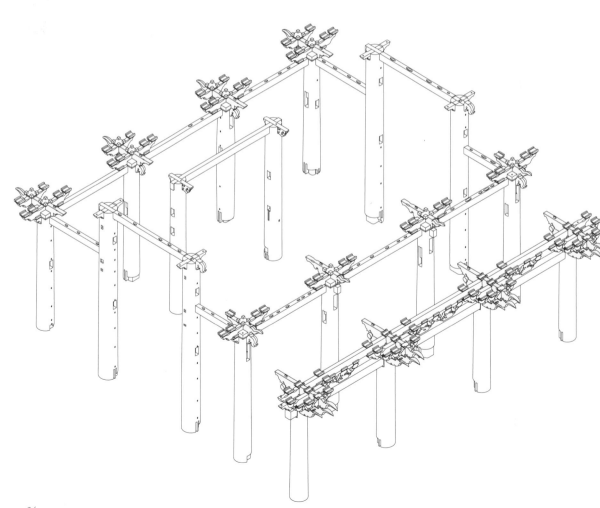

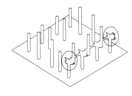

전퇴 귓기둥 공포 분해도 • 전퇴의 공포는 2출목3익공 형식이다. 초익공은 주두 아래에서 기둥과 직접 결구되었으며 이익공은 주두 위에서 주심첨차와 직교하여 만난다. 삼익공은 주심대첨차와 직교하여 만나며 퇴량을 받는다. 퇴량 머리와 익공은 장방형 단면의 촉에 의해 결구되어 움직이지 않도록 했다. 익공은 다른 건물에 비해 춤이 높은 것이 특징인데 이는 장엄 효과가 있다. 주심대첨차는 귓기둥에서는 박공부분으로 뺄목을 하여 연화두 장식으로 밑면을 조각했는데 이것은 고려시대 양식으로 후면 공포의 첨차 조각과 모양이 같다. 내출목은 없으며 외출목상의 첨차는 모두 연화를 투각하여 입체적으로 조각한 것이 특징이다.

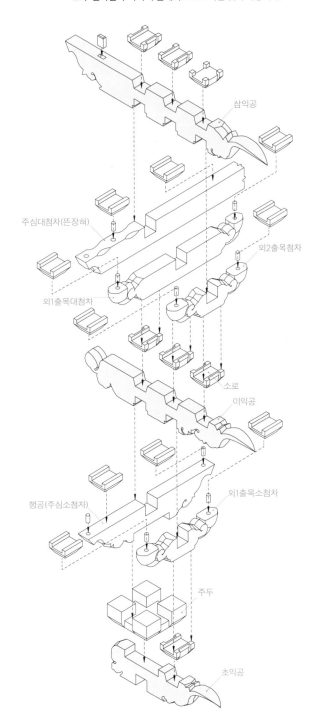

삼익공

주심대첨차(뜬장혀)

외2출목첨차

외1출목대첨차

소로

이익공

행공(주심소첨차)

외1출목소첨차

주두

초익공

전퇴 귓기둥 공포 조립도 · 주심에서는 첨차와 익공이 직교하여 만나기 때문에 첨차를 받을장, 익공을 업힐장으로 하여 반턱맞춤되며 첨차와 익공의 교점에는 모두 소로를 사용했는데 교점에서는 사갈소로가 쓰이고 첨차 양쪽에서는 양갈소로가 사용되었다. 소로와 첨차는 둥근 촉에 의해 고정되었다. 소로는 굽이 사절된 조선시대 전형 양식이 사용되었다.

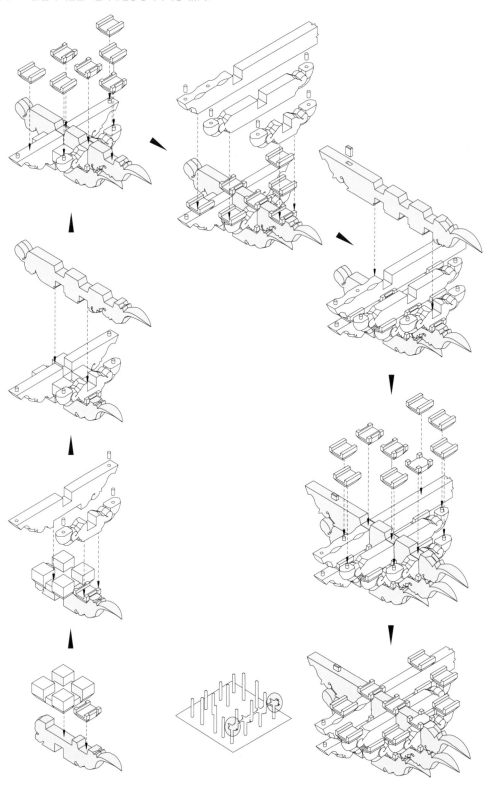

36

전퇴 평주 공포 분해도·평주의 공포 모양은 귓기둥과 모두 같다. 다만 주심대첨차에서 차이가 있다. 주심대첨차는 장혀와 같이 길게 연결되어 있는 부재이기 때문에 양쪽 뺄목에서만 연화두형 첨차 모양으로 조각되고 가운데에서는 장혀와 같이 연결되었다. 대첨차는 기둥 위에서 연결되었는데 연결 부위에서 받을장으로 삼익공을 받아야 하기 때문에 반턱주먹장으로 한 것이 특징이다.

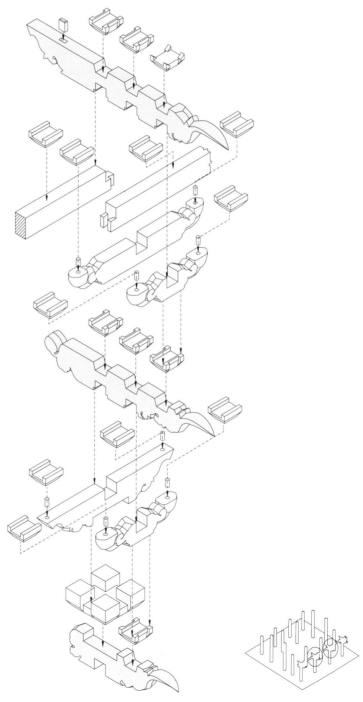

전퇴 평주 공포 조립도·익공과 익공 사이는 서로 붙어 있기 때문에 소로가 앉을 자리를 파내는 것이 일반적이고 첨차와 첨차는 떠 있으며 소로를 통해서만 연결되기 때문에 첨차와 소로가 촉이 음으로 연결되는 것이 보통이다. 익공과 익공이 서로 붙어 있는 것이 주심포 형식의 공포와 다른 점이다.

전면 평주열 귓기둥 공포 분해도 • 현재는 이 기둥이 고주처럼 보이지만 전면에 가퇴가 덧붙기 전
까지는 2고주5량집의 평주 역할을 했던 기둥이다. 주두 아래 기둥머리에서는 도리방향 뜬장혀와
보방향 뜬장혀가 직교하여 만난다. 도리방향 뜬장혀의 빨목은 연화두형 첨차 모양으로 했으며
보방향의 빨목은 당초를 조각했다. 이 부분을 두공이라고 할 수 있는데 장혀와 두공이 분리되어
있다. 원래는 하나의 부재로 해야 한다. 주두 위에서는 행공과 익공이 직교하여 만나며 행공은 연
화두형이고 공안이 있다. 고려시대 양식을 갖고 있다. 익공 위에는 소주두를 놓고 소주두 위에서
뜬장혀와 대들보가 직교한다. 그러나 측면 보는 정칸 대들보와는 달리 폭이 매우 작으며 빨목은
장혀 폭과 같고 직절했다.

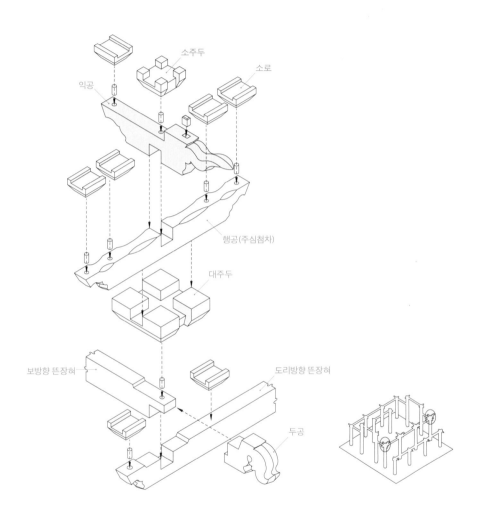

전면 평주열 귓기둥 공포 조립도•주두 아래 두공과 뜬장혀는 서로 분리되어 있는데 이는 전면에 가퇴가 덧붙으면서 변형된 것으로 추정된다. 힘을 받을 수 없는 장식부재로 걸침턱을 이용해 이음한 정도이다.

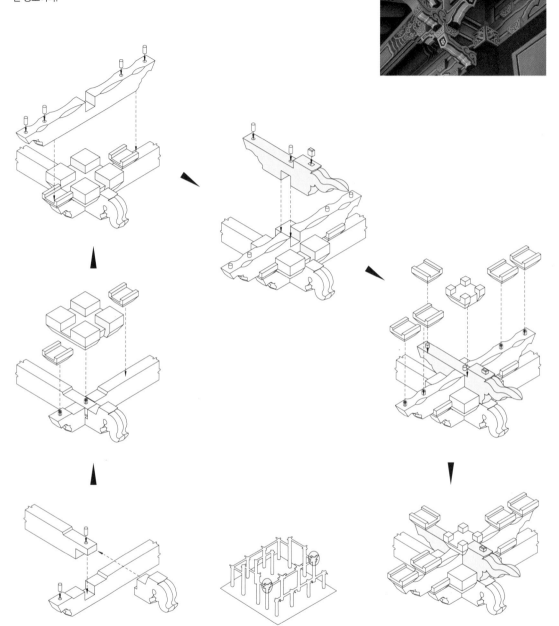

전면 평주열 평주 공포 분해도· 뜬장혀는 반턱주먹장이음으로 했으며 두공과 십자로 결구되었다. 귓기둥에서의 결구와 다른 점이라면 두공이 안팎이 연결된 짧은 독립부재라는 것이다. 안쪽은 당초로 조각되어 있으나 바깥쪽은 장식 없이 직절하였다. 후면 공포를 참조해 본다면 출목을 받쳤던 연화두형의 두공이 출목이 사라지면서 직절한 것으로 추정된다. 주두 위에는 행공과 익공이 직교하여 만나고 그 위에는 소주두를 놓고 대들보 빼목이 장혀 및 뜬장혀와 직교하여 만난다. 보빼목은 운공을 겸하고 있다.

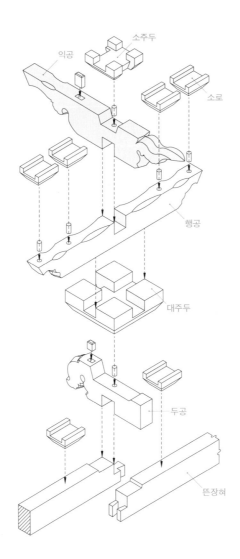

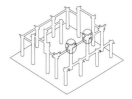

전면 평주열 평주 공포 조립도 • 첨차와 소로는 둥근촉맞춤으로, 보와 익공 사이는 장방형 촉맞춤으로 결구하였다. 평주에서 두공을 사용한 모습은 나주향교 대성전 등과 같이 초익공 아래를 받치는 두공과 같은 역할이라고 볼 수 있으나 모양은 다르다. 이는 후면과 같이 출목첨차를 받치고 있었던 것이 출목이 사라지면서 정칸 두공에서 잘려진 초공부분을 돌려 바깥으로 사용하면서 나타난 현상이다.

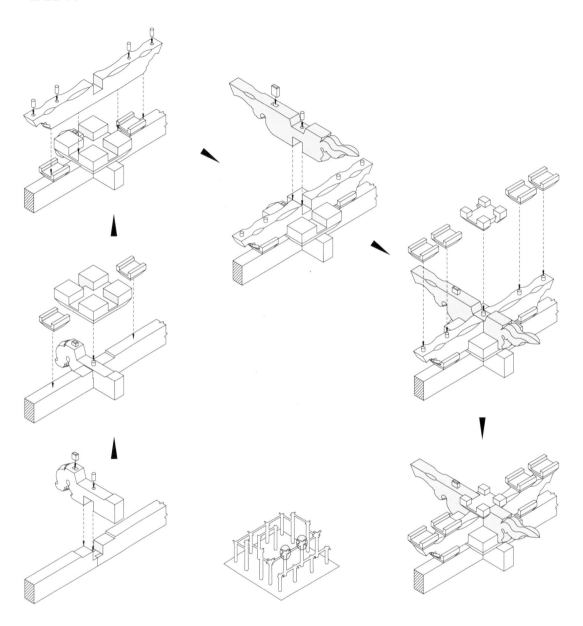

후면 평주열 귓기둥 공포 분해도·후면 평주열이 전면 평주열과 다른 것은 출목이 있다는 것이다. 전면 평주열도 이와 같은 모습이었을 것이나 전면 가퇴가 덧붙으면서 출목을 없애고 지금과 같이 변형시킨 것이다. 출목첨차와 행공은 측면을 사절했고 밑면은 연화두형으로 한 고려시대 양식이다. 첨차는 받을장, 익공은 업힐장으로 맞춤하였으며 두공은 고려시대 주심포의 헛첨차와 같은 역할이다.

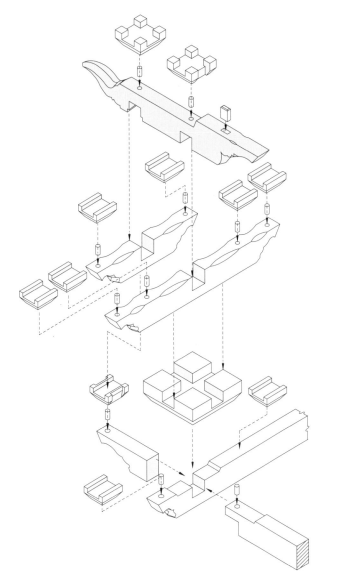

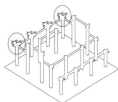

후면 평주열 귓기둥 공포 조립도 • 익공 위에는 평주에서는 대들보가 올라가지만 귓기둥에서는
운공이 올라간다. 따라서 평주에서는 대들보 머리를 운공으로 조각해 도리 바깥으로 돌출시켰지
만 귓기둥에서는 보가 없기 때문에 운공 뒷부분을 장혀 폭으로 길게 연결하여 고주에 통장부로
맞춤하였다.

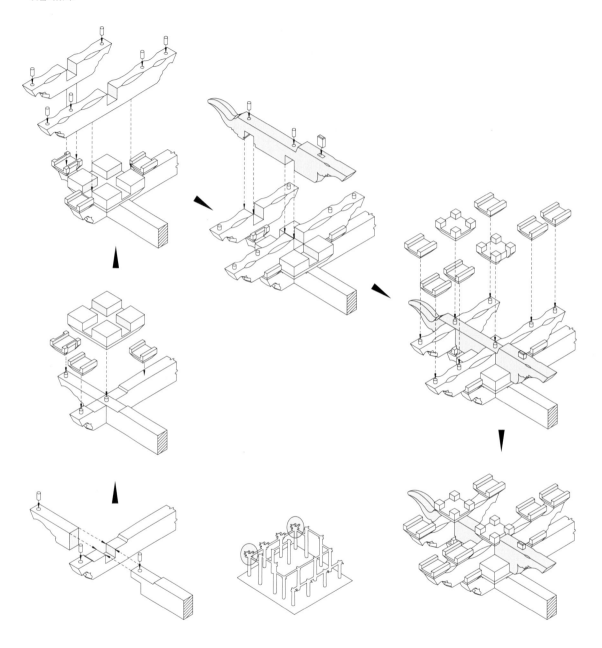

후면 평주열 평주 공포 분해도 • 맞배집이기 때문에 귀포와 기본 구성은 같다. 다만 귀포에서는 헛첨차의 뺄목부분은 연화두형 첨차 모양으로 조각하였고 내부 쪽은 뜬장혀 형식으로 고주에 맞춤되었는데 평주에서는 뺄목부분은 연화두형으로 같으나 내부는 당초형 보아지 형식이라는 것이 다르다. 헛첨차와 보아지는 한 부재로 업힐장으로 하여 뜬장혀와 십자로 맞춤된다.

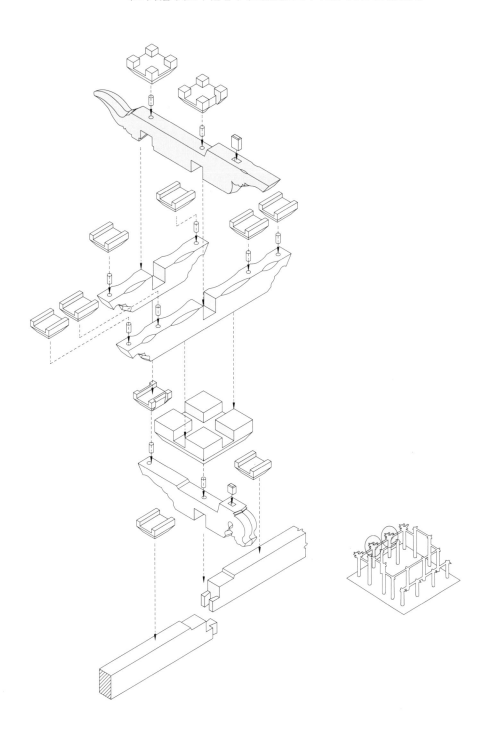

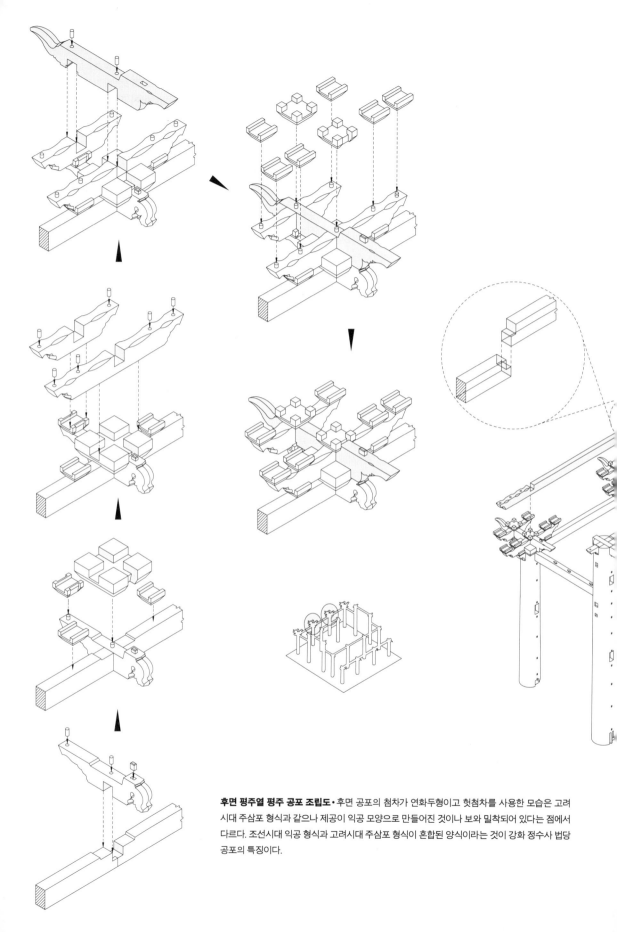

후면 평주열 평주 공포 조립도 • 후면 공포의 첨차가 연화두형이고 헛첨차를 사용한 모습은 고려시대 주삼포 형식과 같으나 제공이 익공 모양으로 만들어진 것이나 보와 밀착되어 있다는 점에서 다르다. 조선시대 익공 형식과 고려시대 주삼포 형식이 혼합된 양식이라는 것이 강화 정수사 법당 공포의 특징이다.

뜬장혀

행공 위에는 소로를 받치고 뜬장혀를 올렸다. 뜬장혀의 박공 쪽 뺄목은 연화두형 첨차 모양으로 조각했으며 업힐장으로 하여 받을장의 운공과 십자로 맞춤된다. 평주 위에서는 반턱주먹장이음하였으며 대들보와 업힐장 받을장으로 결합된다. 뜬장혀는 도리방향으로 공포를 연결해 주는 역할을 한다.

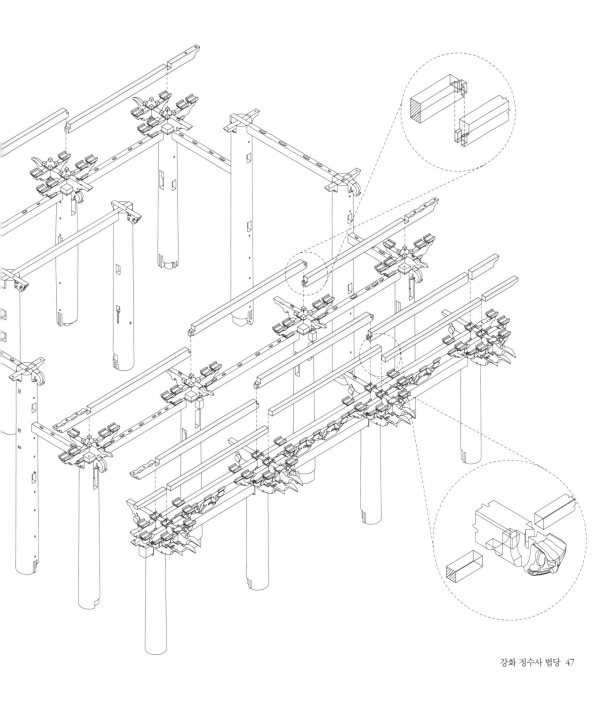

퇴량과 보아지

강화 정수사 법당은 전퇴만 있다. 전퇴는 중창하면서 덧단 부분이다. 퇴량은 전면 기둥열이 움직이는 것을 방지해 주는 가장 중요한 가로부재로 이음맞춤 등의 가공 흔적을 살펴보면 구 부재를 활용했다는 것을 알 수 있다. 전퇴를 달면서 단면상 비대칭이 되었으며 전면 평주열의 공포에서 출목이 사라지고 변형되었다.

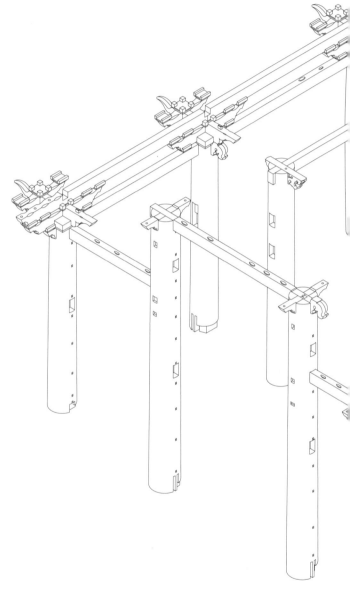

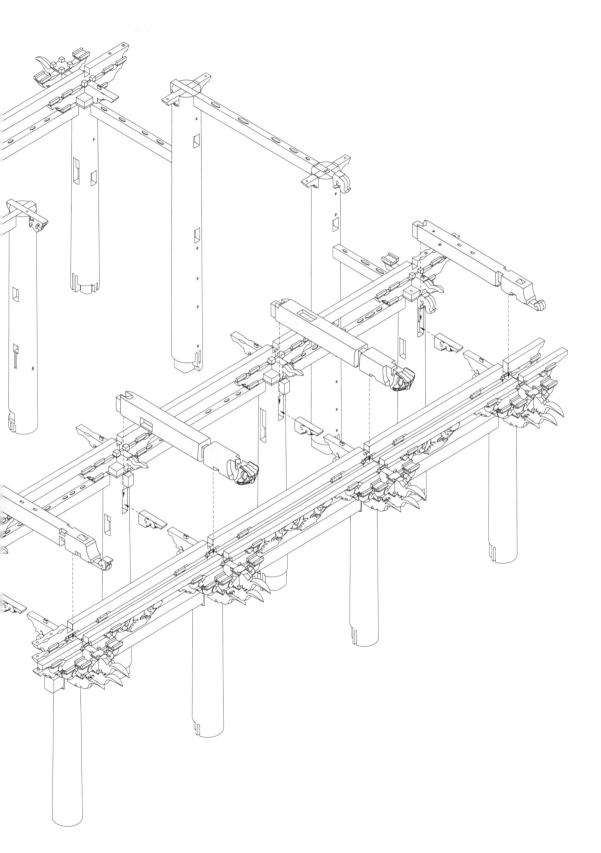

전퇴 협칸(서) 퇴량 상세 • 퇴량의 머리는 퇴기둥 상부 삼익공 위에 올라앉는다. 뜬장혀는 받을장
으로 반턱을 따고 보에서는 업힐장으로 밑면과 옆을 따낸다. 그 위에서는 반대로 장혀는 업힐장
으로 보는 받을장으로 반턱을 따낸다. 이 주심도리에서 보의 단면 손실이 많다. 출목도리 밖으로
는 보 머리가 운공으로 좁게 조각되어 빠져나간다. 보 뒤뿌리는 외장부로 하여 평주에 꽂고 그 아
래는 통장부로 하여 보아지를 받친다. 좌우 퇴량은 구부재를 활용한 것을 알 수 있는 장부구멍이
남아 있다. 보 양쪽에는 경사진 장부구멍이 있고 중앙에는 쐐기를 박았던 두 개의 작은 구멍이 있
는데 이로 미루어 종보로 사용되었던 것을 퇴량으로 재활용했다는 것을 알 수 있다. 양쪽 경사진
장부구멍은 솟을합장이 있었던 자리이며 가운데 두 개의 구멍은 대공과 촉맞춤했던 흔적이다. 현
재의 중도리 간격과 대공의 촉구멍 간격을 비교한 결과 현재의 퇴량은 원래 종보로 사용되었던
것이라고 추정할 수 있다. 그렇다면 정수사 법당은 솟을합장이 사용된 고식기법의 맞배건물이었
다고 볼 수 있다.

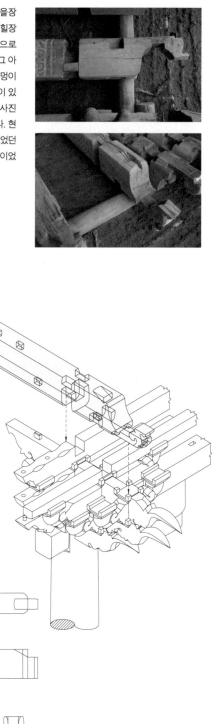

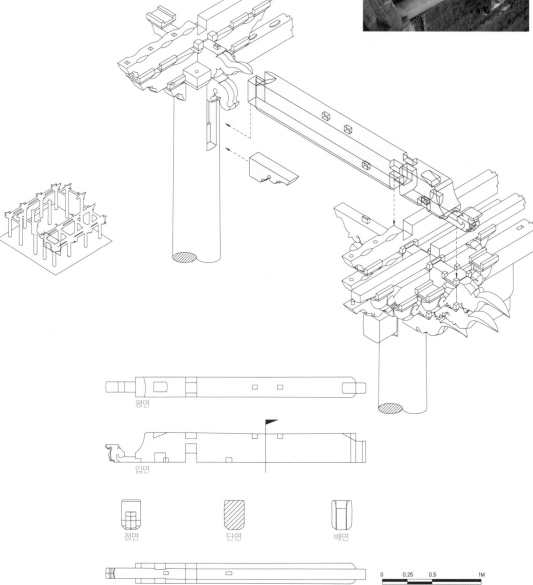

평면

입면

정면　　　　단면　　　　배면

앙시

0　0.25　0.5　1M

전퇴 정칸(서) 퇴량 상세 • 보 뒤뿌리는 평주에 외장부맞춤이며 아래는 통장부맞춤한 보아지가 받치고 있다. 주심에서는 장혀와 뜬장혀의 맞춤을 위해 보 사방을 파내 단면결손이 매우 크며 삼익공이 보아지 역할을 겸해 전단력을 보강하고 있다. 보 머리는 용면(龍面)으로 조각했으며 도리와 맞춤은 숭어턱을 두고 숭어턱에 암주먹장을 내고 도리에 숫주먹장을 내어 맞춤했다. 대개 숭어턱에 반 걸침턱을 두고 연결하는 방법과는 다른 특색 있는 맞춤이다. 보 옆에는 알 수 없는 장부구멍이 있는데 이 보 역시 재활용된 것으로 추정할 수 있다.

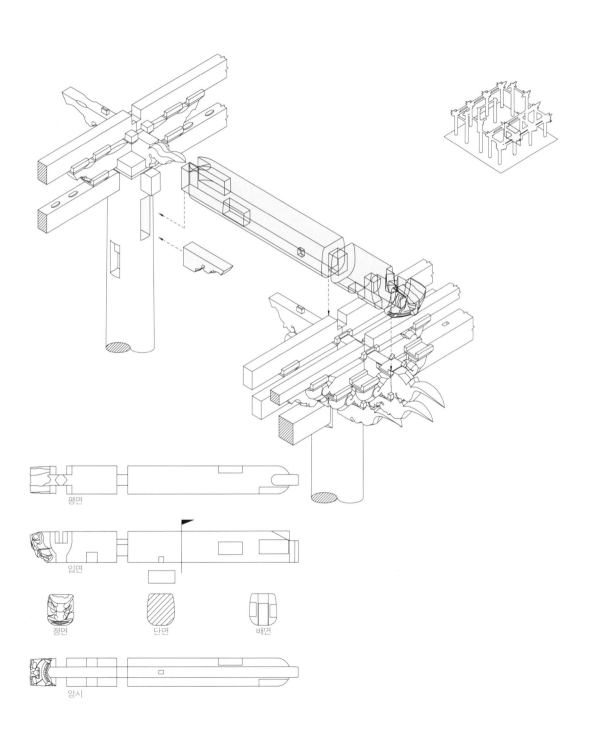

평면

입면

정면   단면   배면

앙시

전퇴 정칸(동) 퇴량 상세 • 정칸 서쪽의 퇴량과 일치한다. 다른 점이 있다면 알 수 없는 장부구멍이 서쪽 퇴량은 측면에 있는데 이 보에서는 위에 있다는 것이다. 역시 구 부재를 재활용하면서 생긴 흔적이다.

평면

입면

정면

단면

배면

앙시

전퇴 협칸(동) 퇴량 상세 • 협칸 서쪽 퇴량과 마찬가지로 종보를 재활용한 흔적이 남아 있다. 서쪽 퇴량과 다른 점이 있다면 주심의 장혀와 뜬장혀가 맞춰지는 부분의 장부구멍을 서쪽 퇴량은 장혀와 뜬장혀 사이의 소로에 의해 떠 있는 부분에 살을 남겨 두었으나 동쪽 퇴량에서는 덧살 없이 위아래를 통으로 장부구멍 냈다는 점이다.

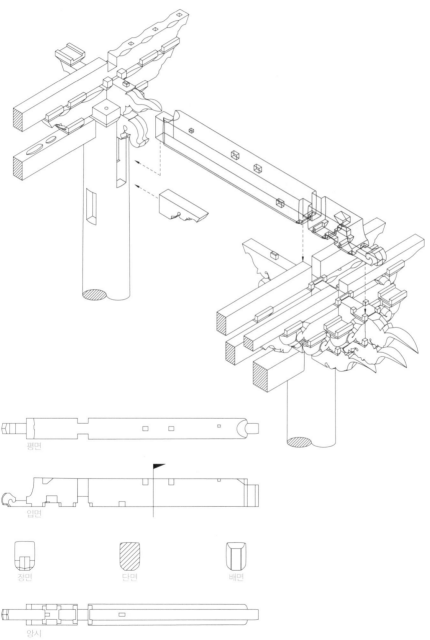

평면

입면

정면   단면   배면

앙시

운공

운공은 도리가 구르는 것을 방지해 주는 역할을 한다. 후면 귓기둥의 운공은 출목도리까지 빠져나와 끝을 당초로 조각하였고 주심에서는 뜬장혀와 업힐장 받을장으로 맞춤되었다. 운공의 뒤뿌리는 고주에 통맞춤으로 결구되었다. 전면 평주열의 운공은 출목이 사라지면서 당초부분이 잘려나가 직절되었다. 잘려진 운공 머리는 한 단 높은 주심도리의 운공으로 활용되었다. 정칸 좌우의 운공은 대량머리 뺄목을 연장하여 조각했는데 전후면의 모양이 다르다.

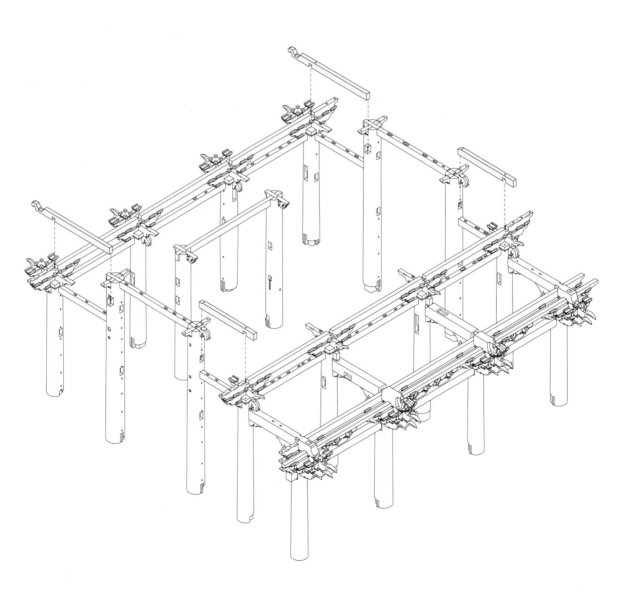

대량(대들보)

대량은 앞뒤 평주를 연결하는 중요한 수평구조재이다. 익공 위에 올라앉았으며 주심장혀와는 업힐장 받을장으로 맞춤되었고 주심장혀 바깥으로 빠져나온 보 머리는 폭을 익공 폭으로 줄여 뺀 것이 특징이다. 이것은 주심포 건축의 특징이기도 하다. 전면은 출목이 없으므로 당초를 조각한 보 머리로 짧고 후면은 출목이 있으므로 운공까지 빠져나가 길다. 그러나 운공 머리는 원래 보와 한 부재여야 정상일 것이나 지금은 따로 떨어져 별도로 꽂아놓은 형식이다.

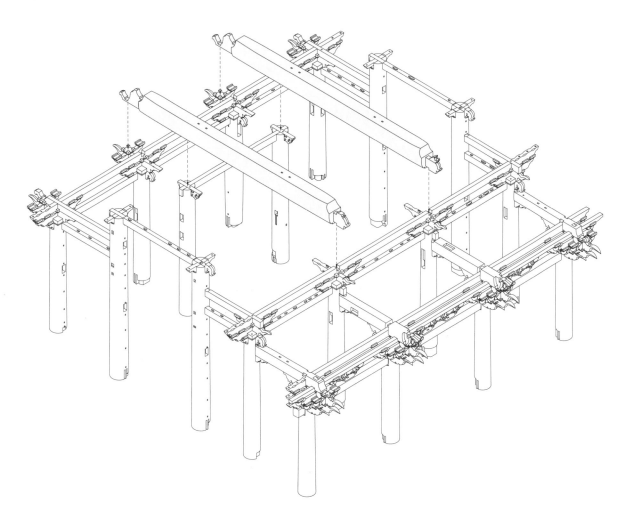

서쪽 대량 상세

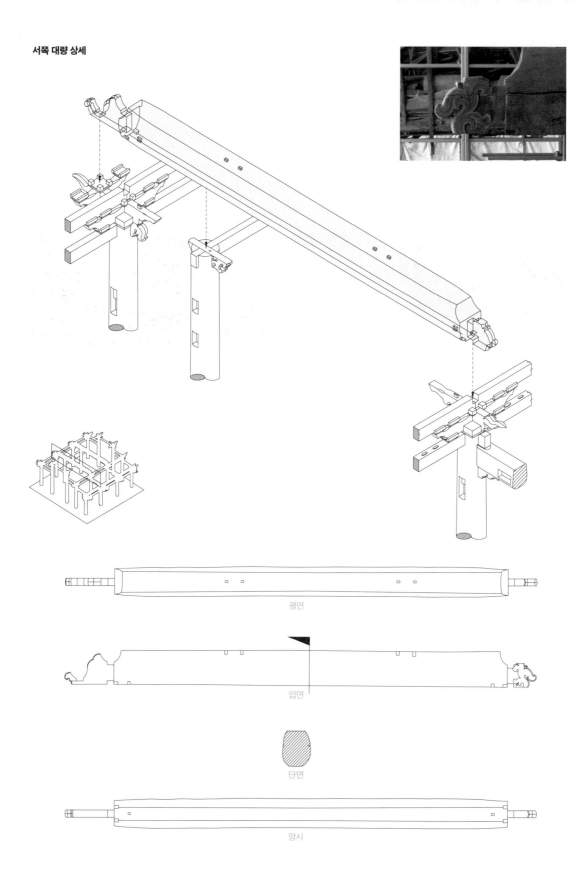

평면

입면

단면

앙시

동쪽 대량 상세

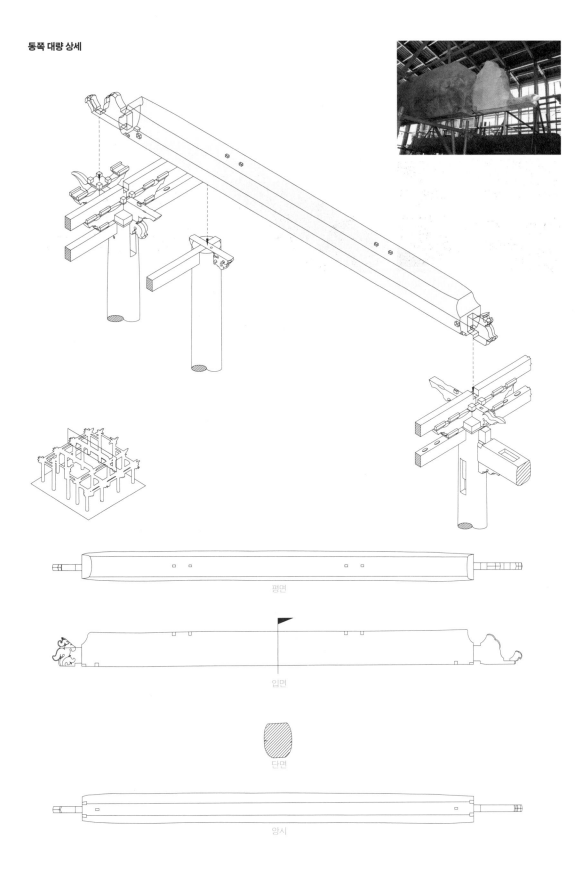

평면

입면

단면

앙시

동자주

동자주는 종보를 받치는 부재이다. 동자주는 기둥형, 판형, 포형 등으로 구
조가 다양한데 정수사 법당은 포형 동자주를 사용했다. 포형 동자주는 고
려시대 주삼포 건물에서 주로 사용했던 것으로 정수사 법당이 고식이라는
흔적이다.

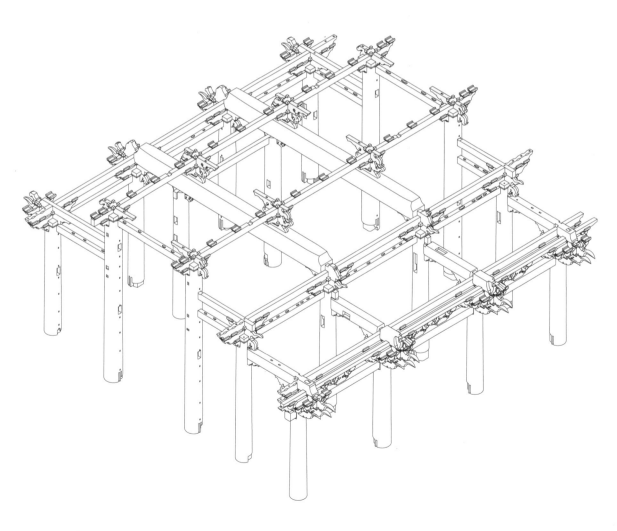

전면 동자주 조립도 • 동자주는 양쪽 측면은 고주 위에 올라가고 중앙에서는 대량 위에 올라가기 때문에 높이 차이에 따라 구조가 다르다. 양 측면은 기둥 위에 주두를 놓고 주두 위에서 운공과 뜬창방이 업힐장 받을장으로 맞춤되었다. 그러나 중앙의 대량 위에 올라간 동자주는 대량 위에 보방향으로 복화반 형태의 조각부재를 하나 놓고 여기에 소주두를 올린 다음 소주두 위에서 동자주익공과 동자주행공을 업힐장 받을장으로 십자결구하고 다시 소주두를 놓고 운공과 뜬창방을 받치도록 하였다. 즉 보 위에서는 운공과 뜬장혀 아래에 동자주행공과 익공이 두 단으로 구성되었고 고주에서는 익공과 행공이 기둥머리에서 결구된 것이 다른 것이다.

후면 동자주 조립도• 후면의 동자주도 전면과 구성은 같다. 행공은 연화두형으로 공안이 있으며
고려시대 양식이다. 뜬장혀는 양단만 연화두형으로 조각했다. 운공은 외부 쪽은 파련으로 조각
했고 내부는 연화두형으로 하여 종보의 보아지 역할을 하도록 하였다.

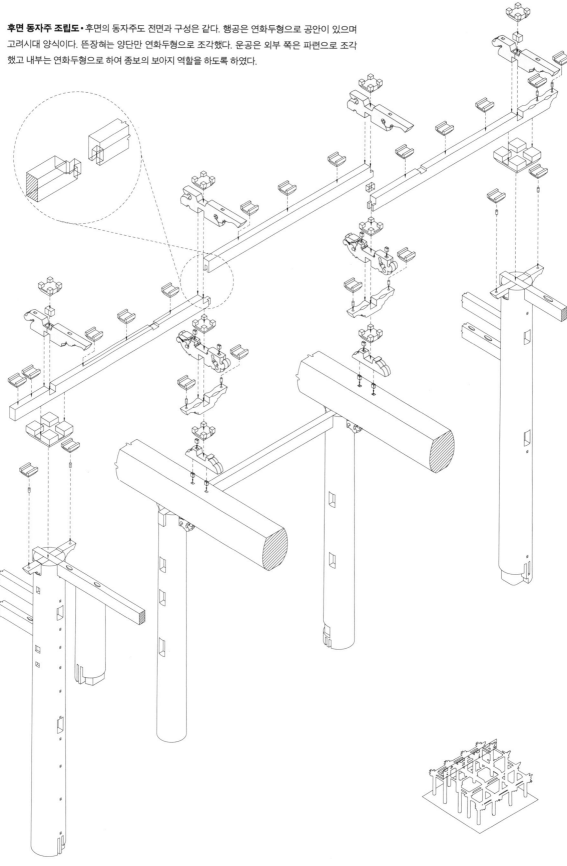

전면 정칸 동자주 분해도 · 대량 위에 복화반 형태의 조각부재를 촉이음으로 고정하고 그 위에 소주두를 올린 다음 동자주행공과 익공은 받을장 업힐장으로 하여 십자로 맞춤하였다. 행공은 연화두형으로 공안이 있는 고려시대 양식이며 익공은 당초모양이며 하단의 승두와 장방형 촉으로 연결하였다. 행공 양쪽에서는 둥근 촉으로 소로를 올리고 가운데는 다시 소주두를 놓은 다음 뜬장혀와 운공이 십자로 결구되도록 하였다. 이 부분은 양 측면과 같은데 다른 점이 있다면 운공이 내외로 분리되어 있지 않고 통부재를 사용했다는 점이다.

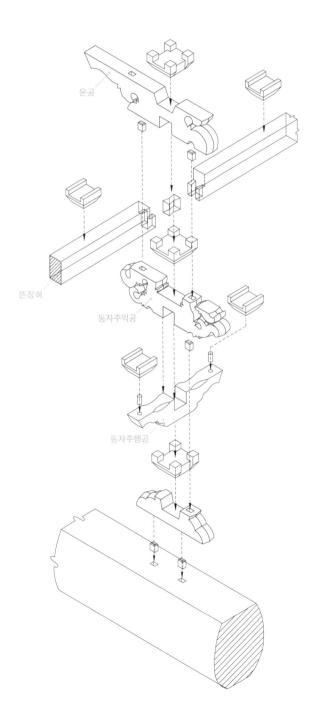

운공

뜬장혀

동자주익공

동자주행공

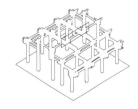

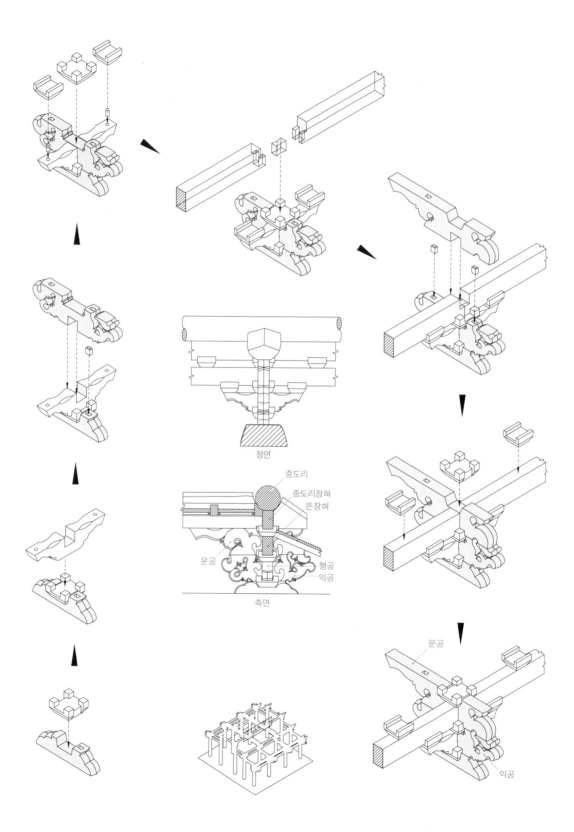

정면

중도리
중도리장혀
뜬장혀
운공
행공
익공
측면

운공
익공

후면 정칸 동자주 분해도 • 전면과 구성이 정확히 일치한다. 뜬장혀는 반턱나비장이음으로 연결
되었다. 뜬장혀 위의 소로는 촉이음을 하지 않았다.

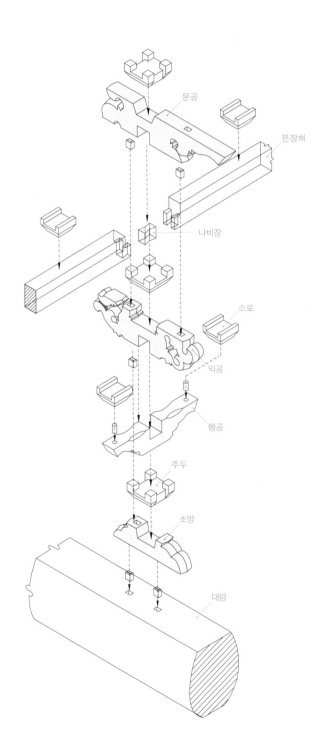

운공

뜬장혀

나비장

소로

익공

행공

주두

초방

대량

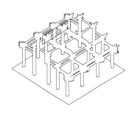

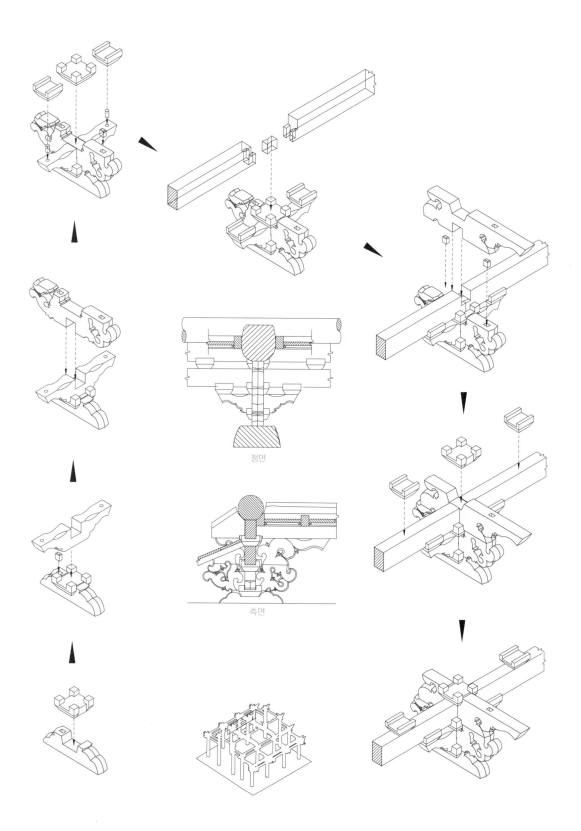

정면

측면

전면 고주 공포 분해도 • 고주행공과 익공이 받을장과 업힐장으로 기둥머리에서 사개맞춤되었다. 고주익공 부재는 인방 폭으로 하여 앞뒤 고주를 연결하고 있는데 뺄목은 전면은 파련 조각으로 하였으며 뒷면은 직절했다. 그런데 전면은 파련 조각의 뺄목부분을 별도부재로 반턱주먹장으로 연결했으며 뒷면은 통부재로 연결했다.

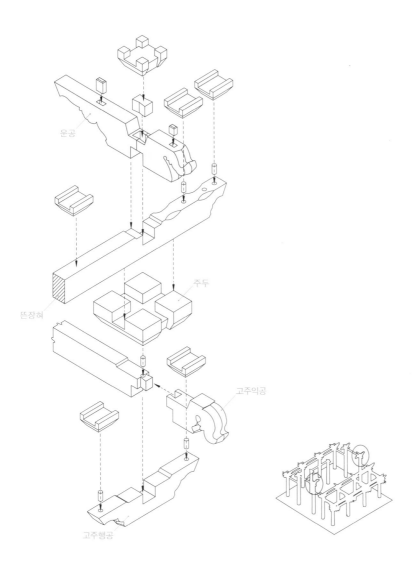

운공

뜬장혀

주두

고주익공

고주행공

전면 고주 공포 조립도 • 고주익공과 행공의 교차점에는 둥근 촉을 박아 주두를 고정했으며 주두 위에서는 뜬장혀와 운공이 십자로 결구되었다. 뜬장혀는 뺄목 쪽은 연화두형으로 했으며 운공과 만나는 부분은 반턱을 따내 업힐장으로 했다. 운공은 외부는 당초로 조각했고 내부는 연화두로 했는데 원래는 한 부재로 만들어야 하지만 여기서는 두 개의 부재를 이어서 사용했다. 하부는 반 턱을 따내 뜬장혀와 업힐장으로 만나고 상부는 암주먹장부를 내고 나비장으로 연결했다. 운공 위 에는 보가 올라가는데 보와 운공은 장방형의 촉으로 연결하였다.

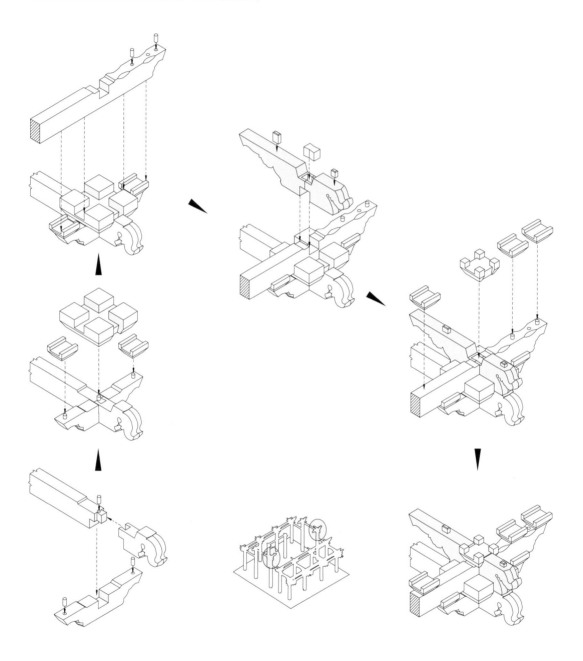

후면 고주 공포 분해도 • 후면의 고주 공포는 전면과 같다. 먼저 기둥머리에서 고주익공과 행공이 사개맞춤되고 그 위에 주두를 올린 다음 주두 위에서 운공과 뜬장혀가 십자로 결구된다. 운공은 안팎을 별도 부재로 하여 나비장이음하였다. 전면과 다른 점은 고주익공의 빨목부분을 초각 없이 직절했다는 점이다.

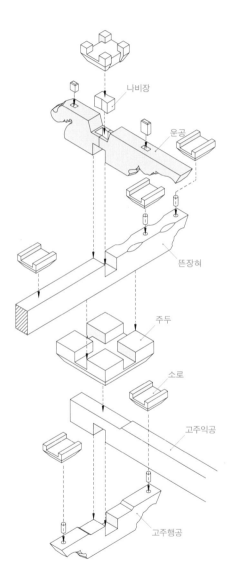

나비장

운공

뜬장혀

주두

소로

고주익공

고주행공

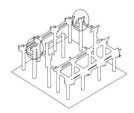

후면 고주 공포 조립도 · 고주익공과 행공의 춤을 기둥머리보다 약간 높게 하여 주두가 앉을 자리를 그렝이하여 만든 점이 특징이다. 행공과 뜬장혀의 빼목부분은 측면은 사절하고 밑면은 연화두 장식으로 조각한 모양이 고려시대 첨차의 모양과 같다.

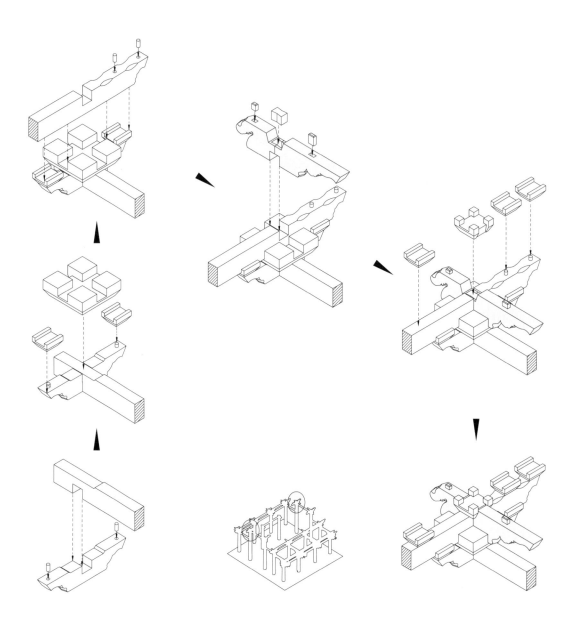

종량

종량은 동자주를 앞뒤로 연결하는 중요한 구조부재이다. 단면 형상은 구형으로 조선시대 일반적인 보의 모습이다. 총 4개가 사용되었으며 모양은 거의 같으나 장부 흔적이 남아 있는 부분이 있어서 구 부재를 재활용했을 것으로 추정된다.

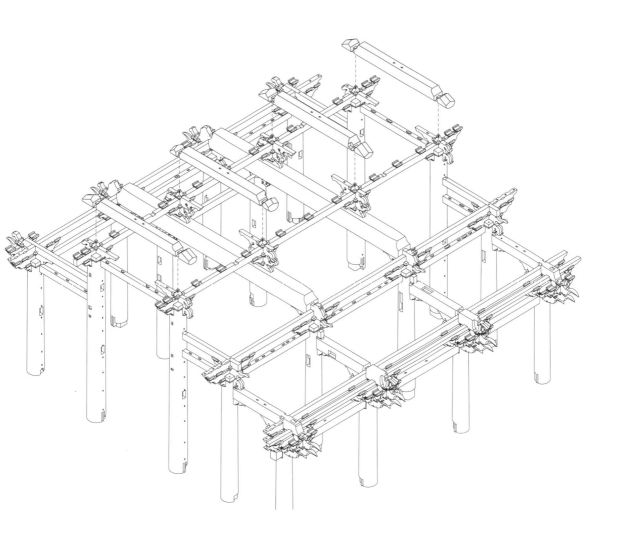

협칸 종량 상세 • 앞뒤 운공 위에 올라가며 하단은 소주두에 맞춤되도록 그렝이하였으며 측면은 장혀가 꽂힐 수 있도록 장부구멍을 두었다. 장혀는 업힐장으로 보 머리를 올라탄다. 보 머리는 이를 받아내기 위해 받을장으로 하여 보 목이 매우 작아졌다. 굴도리가 보 위에 통으로 걸쳐지기 때문에 숭어턱은 두지 않았으며 뺄목은 조각 없이 단순하게 제비꼬리 모양으로 사절하였다. 보 상부에는 중앙에 대공을 연결하는 촉구멍이 2개 있다.

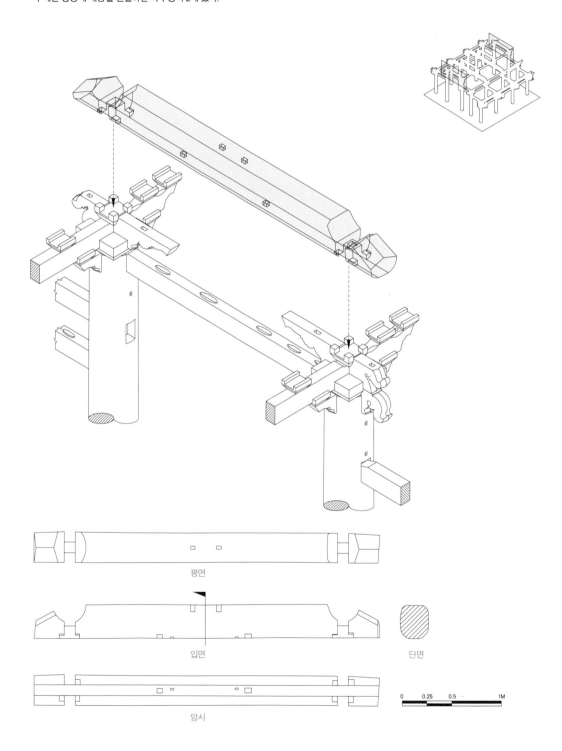

평면

입면

단면

앙시

0   0.25   0.5 ·   1M

정칸 종량 상세 · 협칸의 종량과 같다. 그러나 보목 부분에 알 수 없는 장부 흔적들이 남아 있어서 구 부재를 활용했을 것이라는 추론을 가능케 한다. 그러나 흔적이 극히 단편적이어서 어떤 부재를 활용한 것인지는 알기 어렵다.

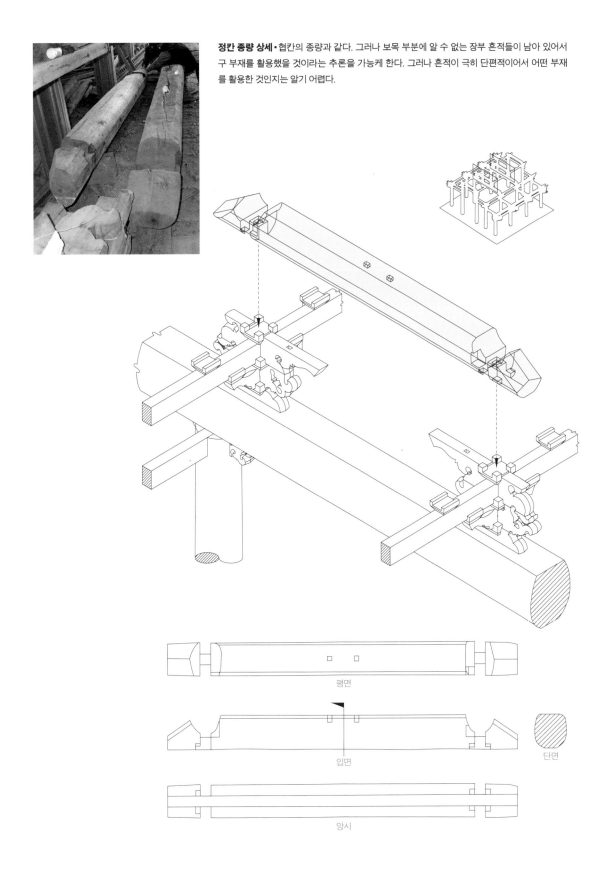

평면

입면

단면

앙시

운공

운공은 도리가 움직이는 것을 방지해 주는 방지턱 역할을 한다. 대량이 걸리는 정칸에서는 대량 머리에 운공을 일체로 만들었기 때문에 별도의 운공이 필요 없으나 양쪽 측면과 전퇴에서는 별도의 운공을 사용했다.

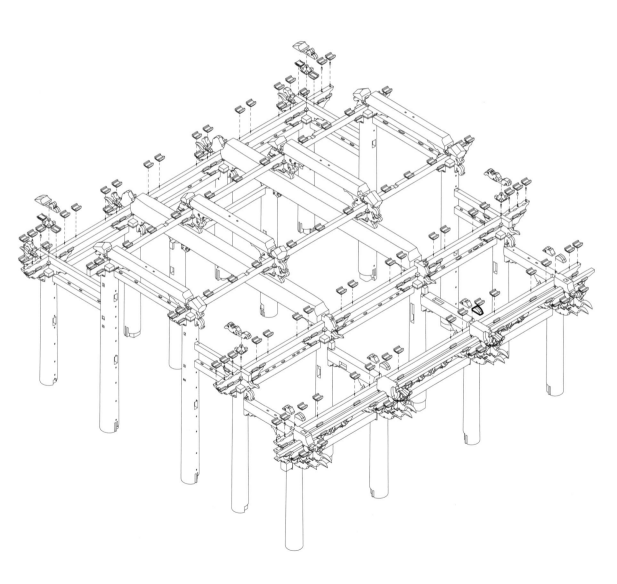

운공 조립도 • 후면 평주열은 출목이 있기 때문에 출목 높이에 출목운공을 따로 두었고 주심열은
도리 높이에서 운공을 따로 두었다. 보 머리는 출목까지 빠져나가지 않기 때문에 외부에서는 보이
지 않는다. 전면 평주열에서는 내외가 하나의 통부재로 만들어진 당초 모양의 운공을 사용했다.
전면 퇴량열에서는 내외가 분리된 두 개의 조각으로 도리 양쪽을 받쳤다. 외부에서는 보이지 않
는다.

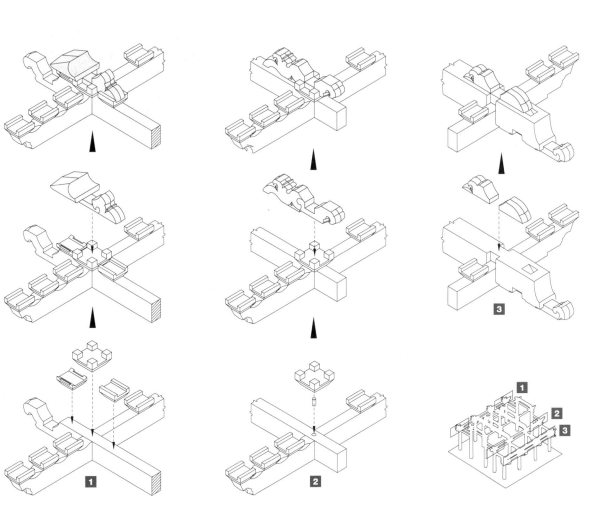

장혀

전퇴의 장혀는 맞댄이음으로 매우 소략하다. 후면 평주열의 주심장혀도 맞댄이음으로 간단하다. 그러나 전면 평주열의 주심장혀는 주먹장이음으로 했다. 후면 평주열의 출목장혀도 주먹장이음을 한 것은 전면과 같으나 공포가 있는 부분에서는 춤이 높고 주칸에서는 춤을 배걷이하여 줄여 준 것이 다른 건물에서 보기 어려운 특징이다. 이는 단혀를 사용한 고려시대 주삼포 건물을 모방한 형식이라고 할 수 있으며 고식기법의 흔적이라고 할 수 있다.

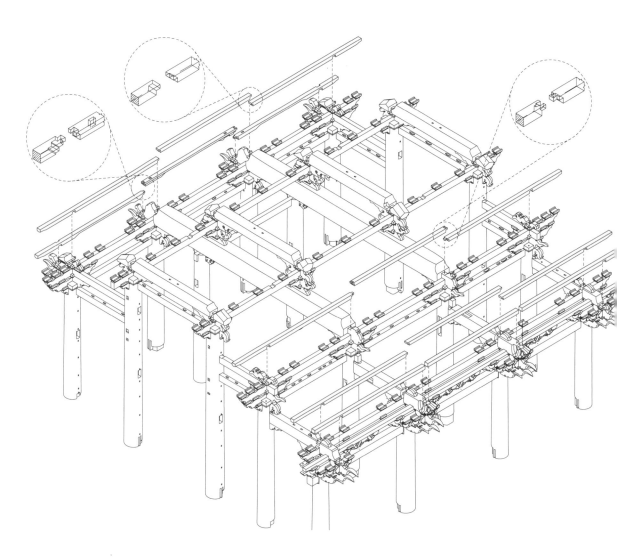

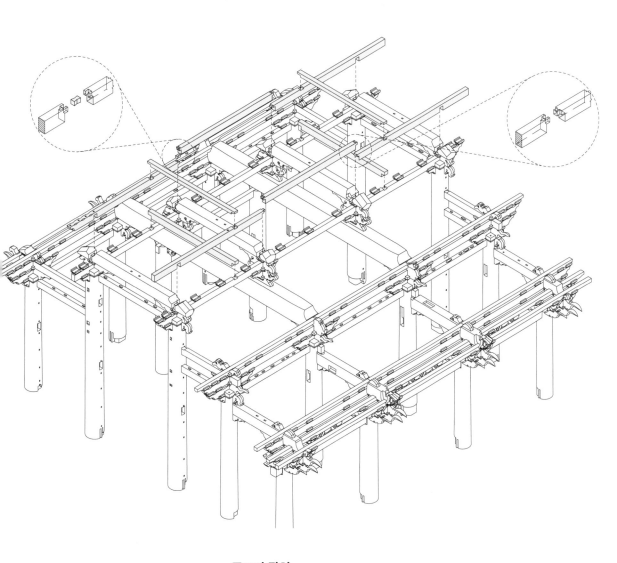

중도리 장혀

중도리 장혀는 반턱주먹장이음으로 했는데 뒷면 평주열의 우측 기둥에서
는 나비장이음으로 달리했다. 또 뺄목도 직절한 다른 중도리 장혀와는 달
리 연화두 장식으로 하였는데 아마도 이 장혀가 원래 모습이 아닐까 추정
된다.

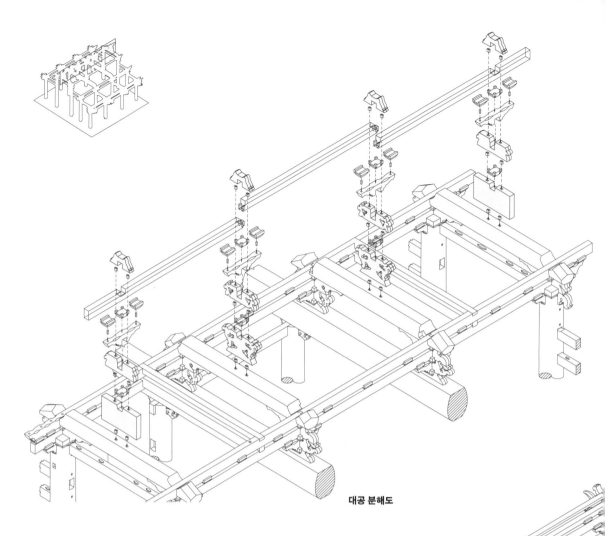

대공 분해도

대공

대공은 종도리를 받치는 부재이다. 총 4개의 대공이 사용되었는데 판재를
포개어 만든 파련대공으로 행공이 있는 것이 특징이다. 양쪽 협칸의 대공
이 서로 같고 정칸 대공이 서로 같다.

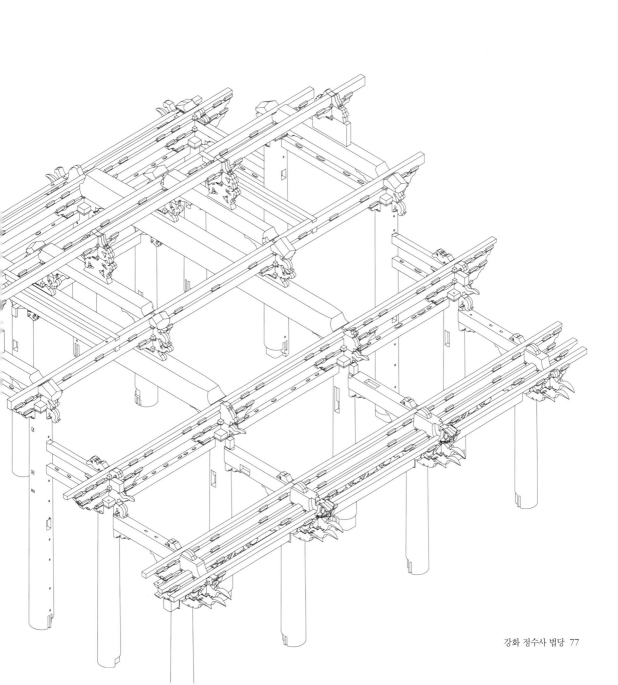

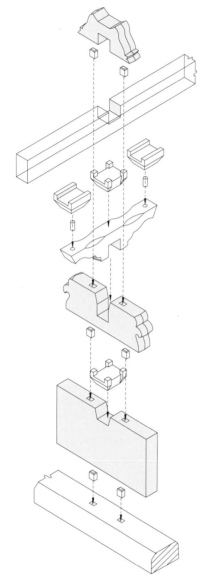

협칸 대공 분해도 • 대공을 구성하는 3개의 판은 서로 장방형 단면의 촉에 의해 고정되었으며 판과 판 사이에는 사갈소로를 끼웠다. 제일 아랫단은 아무런 조각이 없는데 이것이 정칸의 대공과 다른 점이다. 중간 대공판재는 파련으로 조각했고 연화두형의 행공과 받을장 업힐장으로 하여 십자로 결구하였다. 그 위에는 장혀와 사다리형 대공판재를 역시 받을장과 업힐장으로 십자로 맞춤하였다. 판대공과 포대공의 중간 모습 정도이다.

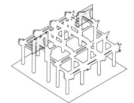

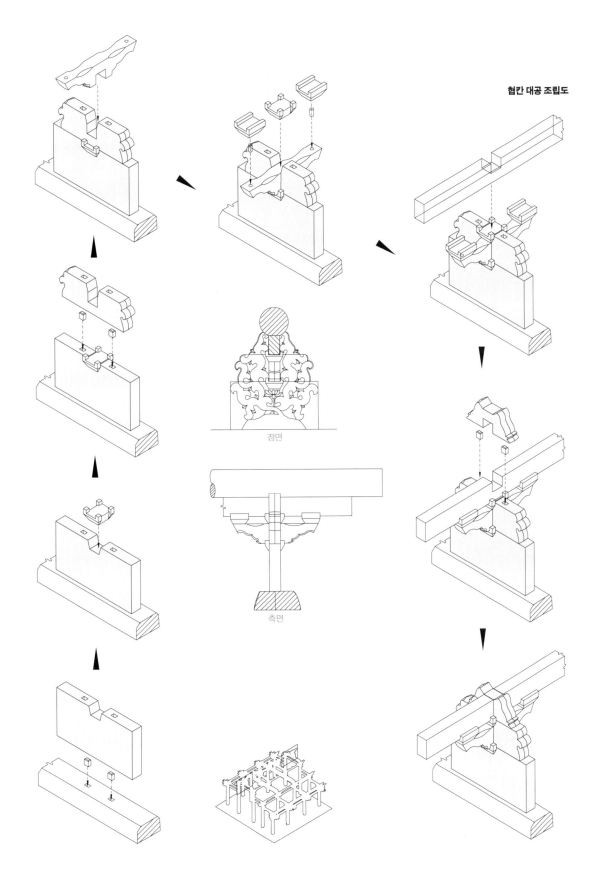

협칸 대공 조립도

정면

측면

강화 정수사 법당 79

정칸 대공 분해도 ∙ 협칸의 대공과 같다. 다만 대공을 구성하는 3개의 판재 중 맨 아랫단의 판재가 협칸은 조각이 없으나 정칸은 조각이 있다는 것이 다르다. 이음과 맞춤은 같으며 종장혀는 반턱 주먹장이음으로 연결되어 있다.

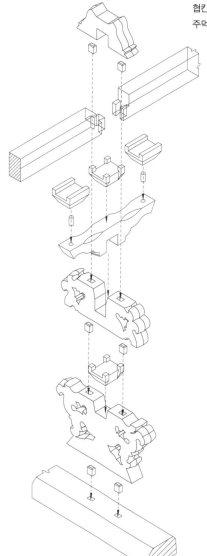

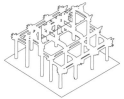

정면

측면

도리

도리는 서까래를 직접 받는 부재이다. 강화 정수사 법당에 사용된 것은 단면이 둥근 굴도리이다. 후면 평주열과 전면 퇴기둥열에만 외출목도리가 있으며 직경이 약간 작다. 도리의 이음은 모두 나비장으로 되어 있는데 전면 출목도리만 보에 주먹장이음으로 결구되었다. 도리에 모두 숫주먹장을 내고 보에 암주먹장을 내서 결구하는 것은 흔치 않은 특징이다. 이는 퇴량에만 숭어턱을 사용하면서 나타난 현상이라고 할 수 있다.

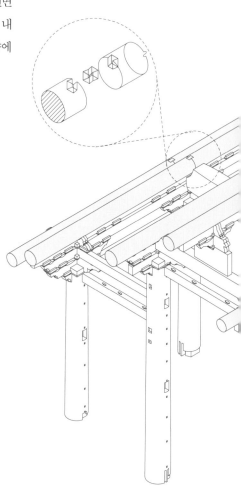

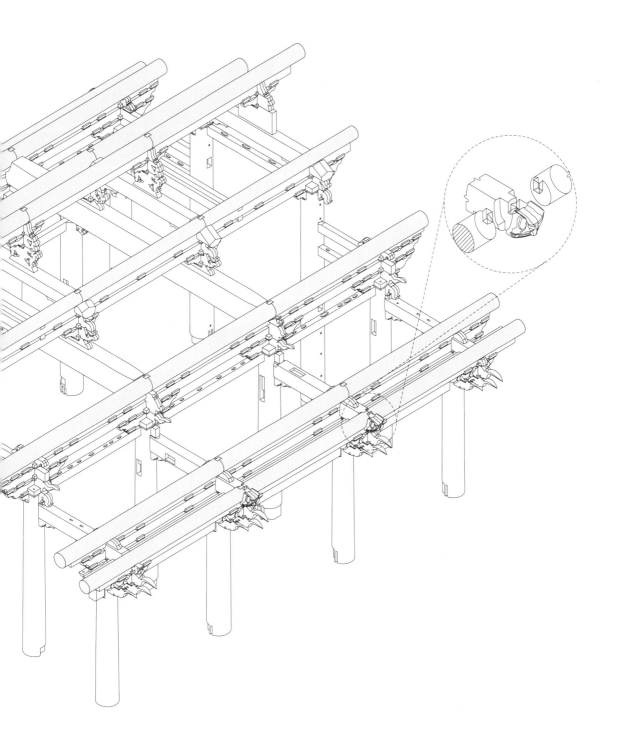

서까래

서까래는 전면은 3단, 배면은 2단으로 걸었다. 서까래는 연정을 이용해 도
리에 결구했다. 쇠못이 가장 많이 사용된 부분이기도 하다.

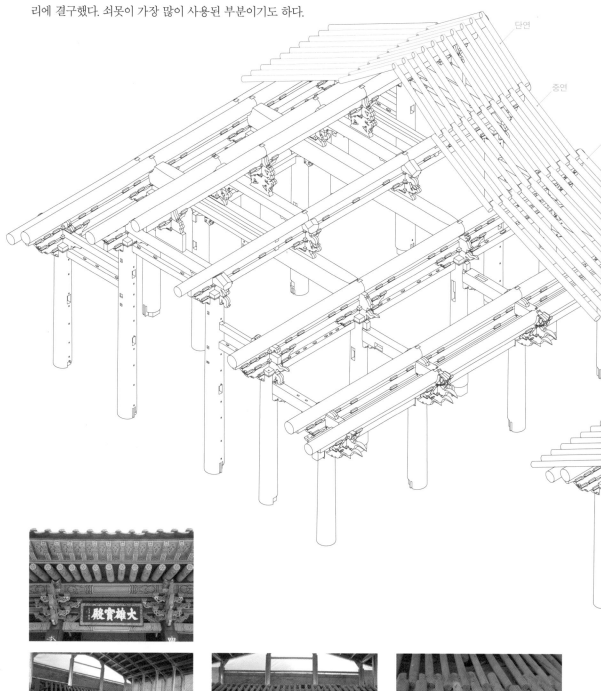

단연

중연

산자엮기

서까래와 서까래 사이를 막아 주기 위해서 산자엮기를 한다. 산자엮기는
쪼갠 나무를 사용했으나 최근에는 대나무를 사용하기도 한다. 예전에는
싸리나무, 옥수숫대, 삼대 등을 사용했다. 산자목은 새끼로 엮는데 마치 발
을 엮듯이 한다. 이 새끼를 코시노라고 하며 코시노를 엮을 때 기준대를 대
고 엮기도 하는데 이를 코신대라고 한다.

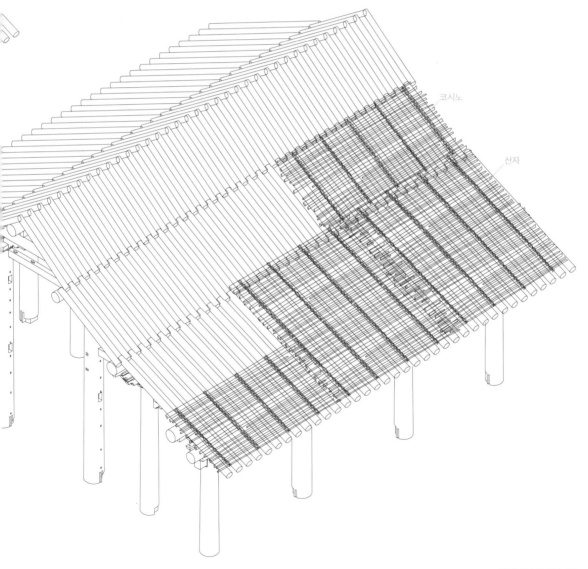

코시노

산자

평고대(초매기)

평고대는 서까래 끝에 올라가는 가로부재로 지붕곡의 표준이 된다. 평고대의 단면은 상단이 경사가 있는 사다리꼴이며 이음은 엇걸이 빗이음이다. 엇걸이 빗이음으로 해야 위에서 누르는 힘에 의해 꺾이지 않는다.

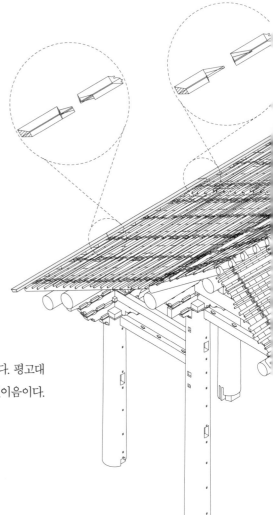

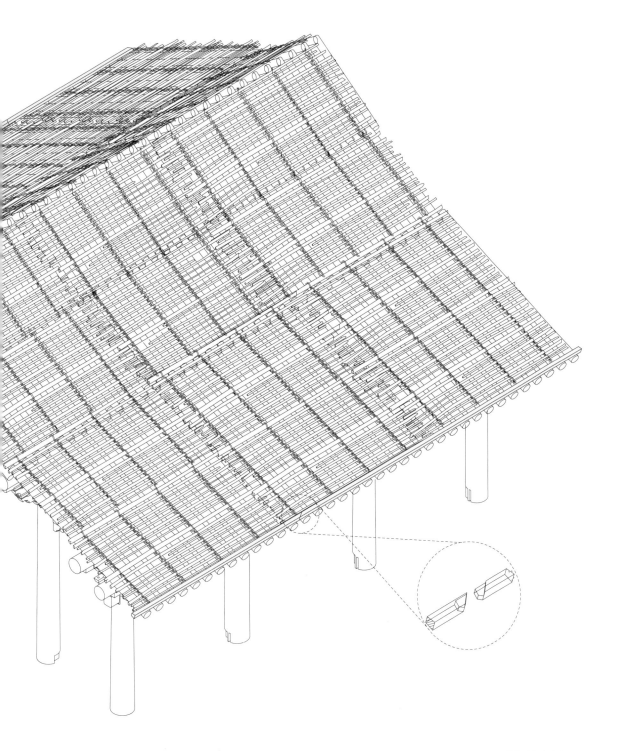

부연

겹처마를 만들기 위해서는 서까래 위에 방형 단면의 짧은 서까래를 얹는
데 이를 부연이라고 한다. 부연의 뒤초리는 삼각형으로 뾰족하게 다듬어지
며 초매기 위에 올라타게 된다. 부연 사이는 옆에 홈을 내고 얇은 판재로
쪽을 끼는데 이를 착고판이라고 한다. 부연 마구리는 역사다리꼴로 다듬으
며 밑면은 소매걷이하여 살을 걷어낸다. 이렇게 하면 부연이 힘 있고 역동
적으로 보인다.

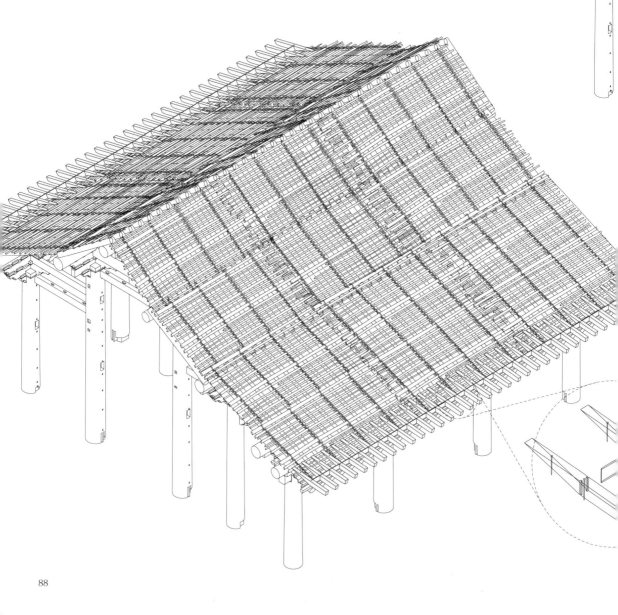

88

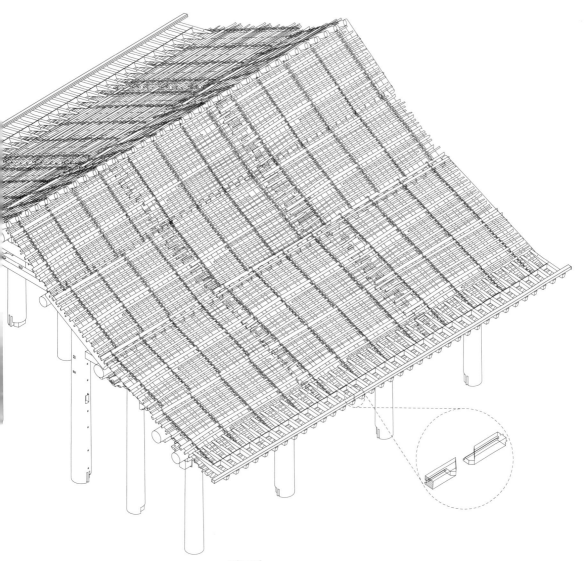

평고대(이매기)

부연 끝에 올라가는 평고대를 이매기 또는 부연평고대라고 부른다. 겹처마
에서만 사용되는 부재이며 초매기와 생김새나 이음법은 같다.

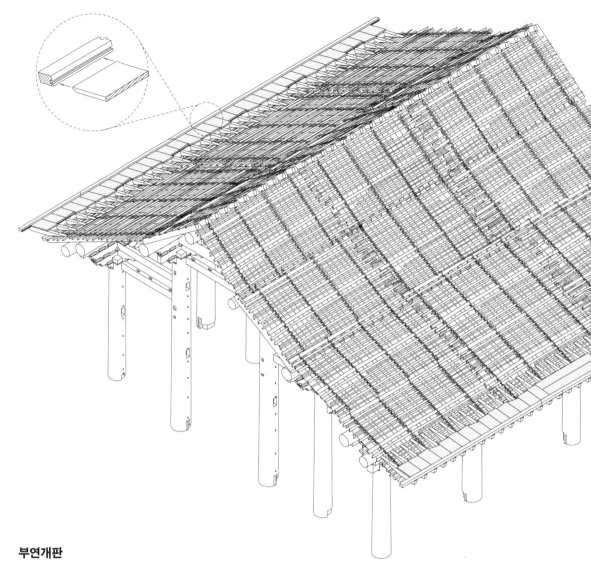

부연개판

서까래 위에는 산자엮기를 하더라도 부연 위에는 산자엮기하기 어려우므로 얇은 송판을 까는데 이를 부연개판이라고 한다. 부연개판은 반턱으로 쪽을 내어 평고대에 맞춤한다.

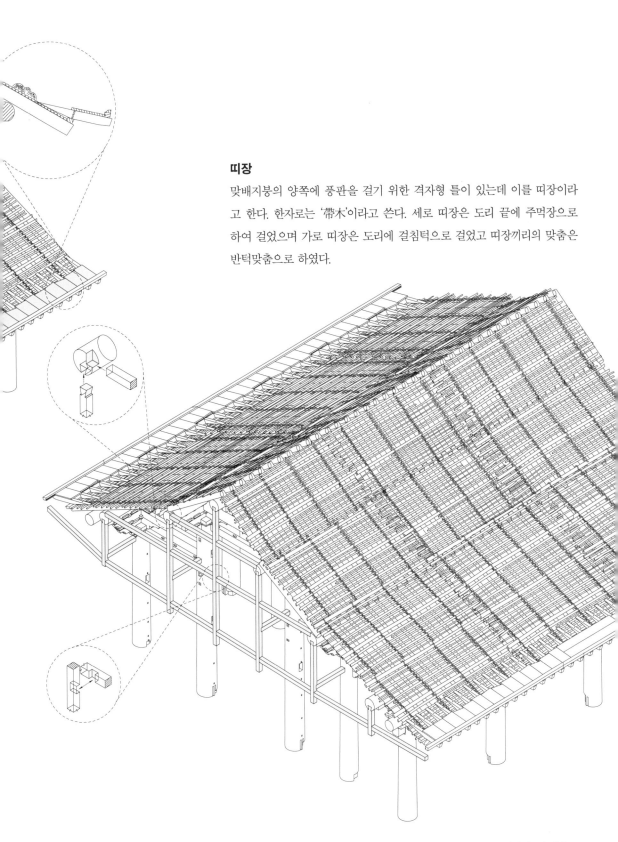

띠장

맞배지붕의 양쪽에 풍판을 걸기 위한 격자형 틀이 있는데 이를 띠장이라고 한다. 한자로는 '帶木'이라고 쓴다. 세로 띠장은 도리 끝에 주먹장으로 하여 걸었으며 가로 띠장은 도리에 걸침턱으로 걸었고 띠장끼리의 맞춤은 반턱맞춤으로 하였다.

방풍판

방풍판은 얇은 판재로 만드는데 띠장에 못을 사용해 고정한다. 그리고 방
풍판 사이사이에는 쫄대를 대는데 한자로는 '率帶'라고 쓴다.

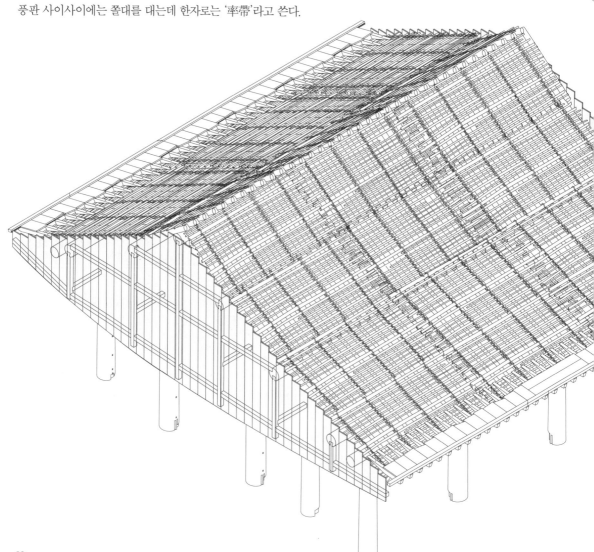

박공

박공은 맞배지붕이나 팔작지붕에서 양측면에 '人'자 모양으로 대는 판재를 부르는 명칭으로 측면지붕을 마감해 준다. 박공은 내림마루곡에 의해 휜 정도가 결정되며 용마루곡에 의해 춤이 결정된다. 대개는 도리말구를 가려 주어야 하기 때문에 춤이 높다. 춤이 높아 육중한 맛을 감쇄해 주기 위해 굽은 판재를 사용하며 박공 끝은 춤을 더 줄여 주고 조각을 하는데 이를 게눈각이라고 한다. 게눈각은 중괄호 형태로 조각하는 것이 일반적이지만 태극을 새기기도 한다. 박공 위에는 목기연이 걸리기 때문에 홈을 파 준다.

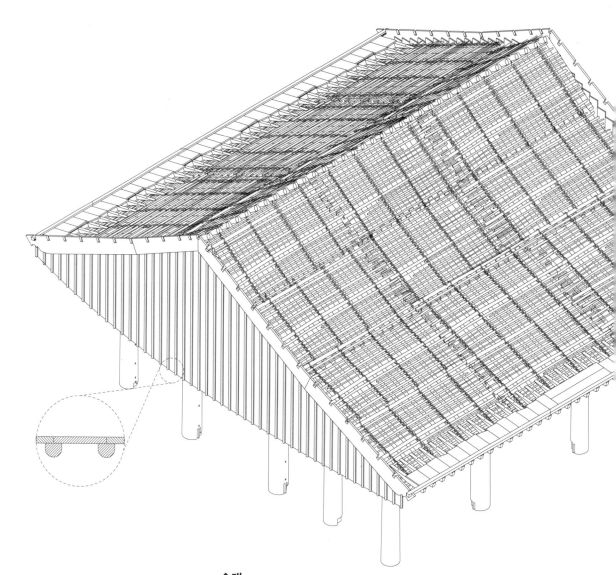

솔대

솔대는 풍판 널과 널 사이에 대는 쫄대이다. 솔대는 각재를 평모접기 하여
사용하는 경우가 가장 많으나 정수사의 경우에는 둥글게 반원형으로 접었
다. 아주 드물게는 솔대를 사용하지 않는 경우도 있다.

풍판

풍판은 띠장에 방풍널, 박공, 솔대를 순서대로 조립하고 못으로 박는다. 풍판은 맞배건물에서 비바람을 막아 주는 기능을 하여 측면의 보와 인방재 등 부재가 상하지 않도록 한다.

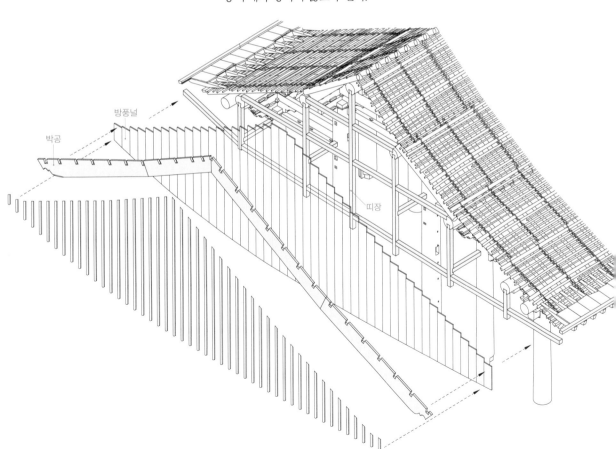

방풍널

박공

띠장

목기연

목기연은 박공 위에 거는 짧은 서까래를 말한다. 겹처마지붕의 부연과 모양은 비슷하지만 길이는 훨씬 짧다. 목기연도 부연처럼 볼접기와 소매걷이를 하며 박공과는 양쪽에 홈을 파 내려 맞춘다. 때로는 박공과 받을장 업힐장으로 하여 맞추기도 한다. 그러나 박공은 춤이 높기 때문에 박공에 목기연 춤에 해당하는 전 높이에 대해 장부를 내고 내려 맞추는 것도 좋은 방법이다.

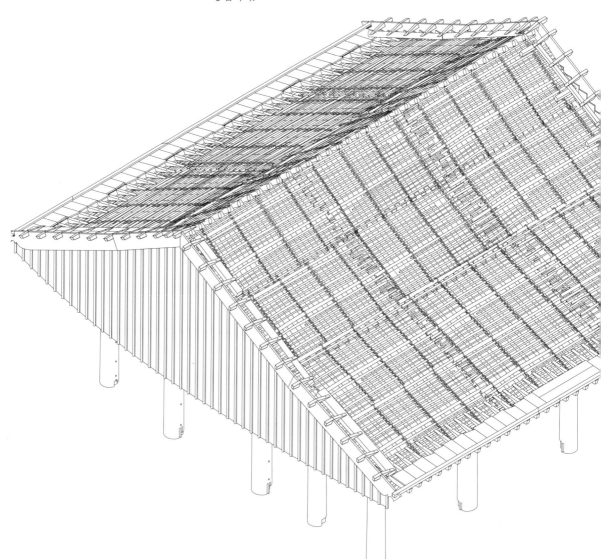

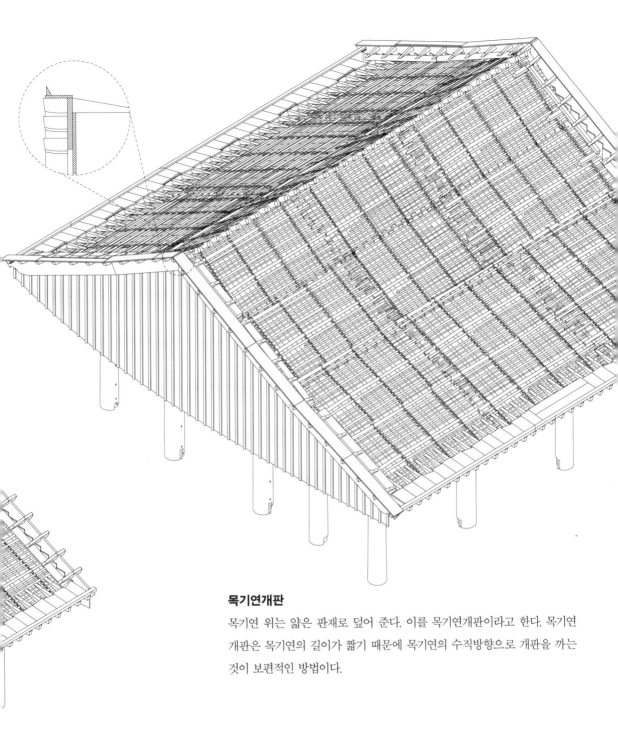

목기연개판

목기연 위는 얇은 판재로 덮어 준다. 이를 목기연개판이라고 한다. 목기연
개판은 목기연의 길이가 짧기 때문에 목기연의 수직방향으로 개판을 까는
것이 보편적인 방법이다.

연함

연함은 기와 받침재이다. 평고대와 목기연개판 위에 올라가며 암키와 크기에 맞춰 파도 모양으로 그렝이를 떠서 만든다. 연함은 개와장이 만들며 자귀를 이용해 치목한다. 각재를 대각선으로 켜서 두 개의 연함을 만들며 코가 떨어져 나가지 않도록 각재의 모서리를 약간 벗어난 지점에서 대각선으로 켠다.

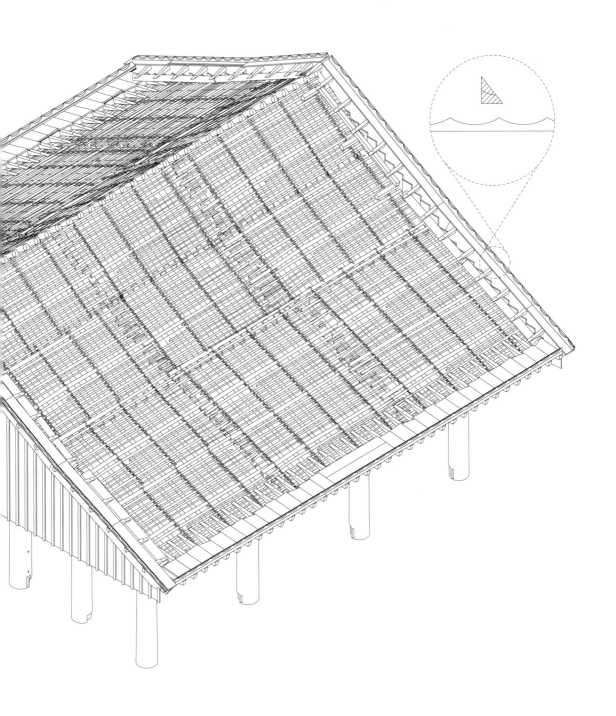

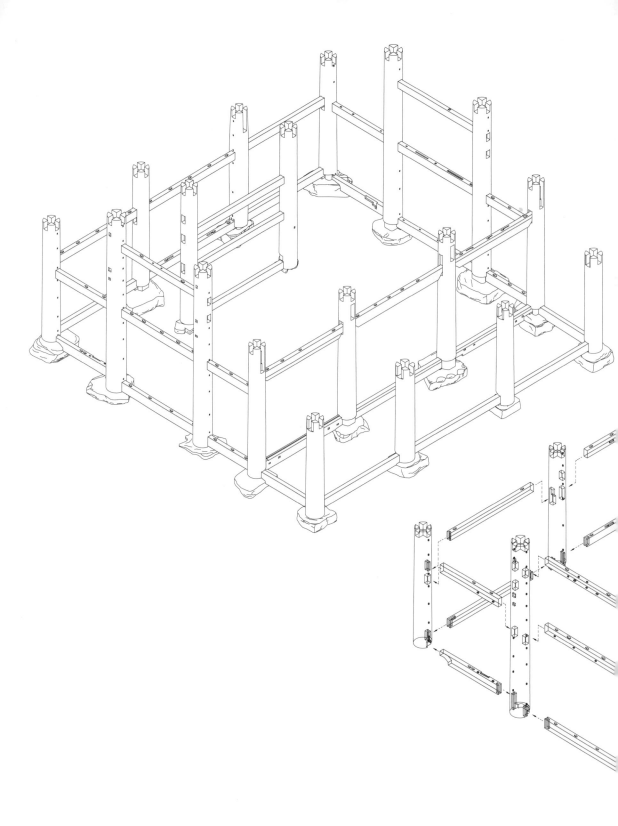

인방

인방은 기둥과 기둥을 서로 엮어 주는 역할을 하며 때로는 문지방과 문상
방 등의 역할을 겸하기도 한다. 또 벽을 구성하는 틀이 되기도 한다. 인방
은 상인방, 중인방, 하인방으로 구성되며 인방의 폭은 대개 수장폭이다. 일
반적으로 3치, 3.5치, 4치 정도를 사용하며 벽 두께는 인방두께에 의해 결
정된다.

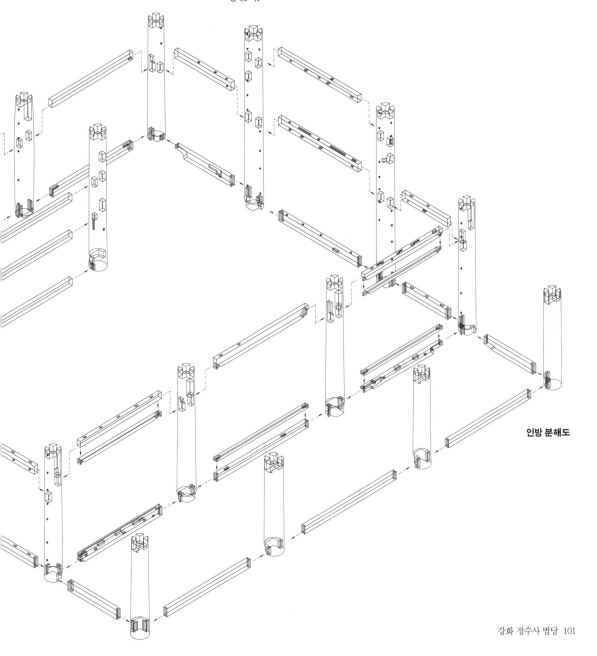

인방 분해도

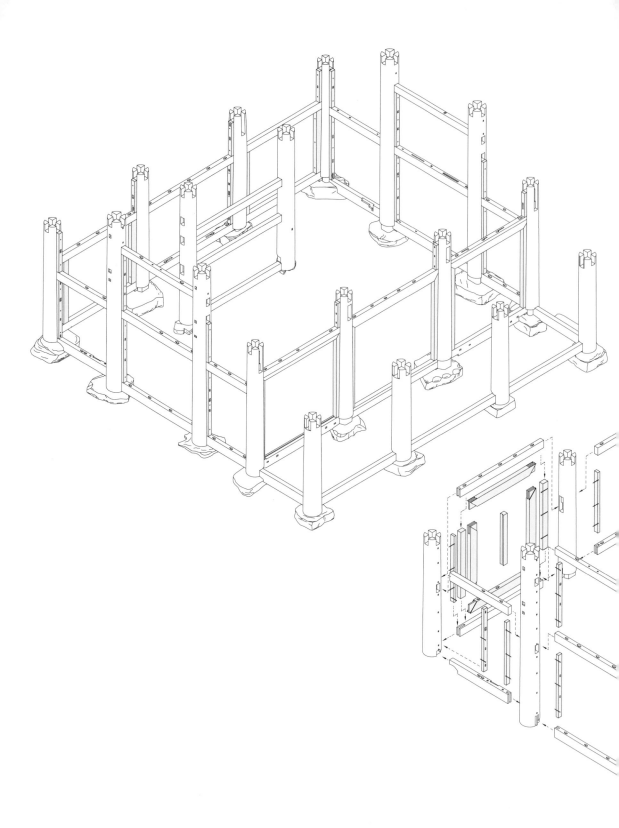

벽선

벽선은 기둥 옆에 대는 수직마감재로서 인방재와 만나 액자틀처럼 구성되어 벽을 만드는 구조틀이 된다. 벽선이 없을 경우 벽이 직접 기둥과 만나 사이가 뜨기도 하고 구조부재인 기둥을 부식시키는 원인이 되기도 한다. 따라서 벽선은 기둥을 보호하고 구조적으로도 보강하는 효과가 있다. 벽선은 기둥과 만나는 부분에서 기둥에 맞춰 그렝이를 떠서 사용하며 때로는 기둥에 홈을 내고 맞춤하여 기밀성을 보완하기도 한다.

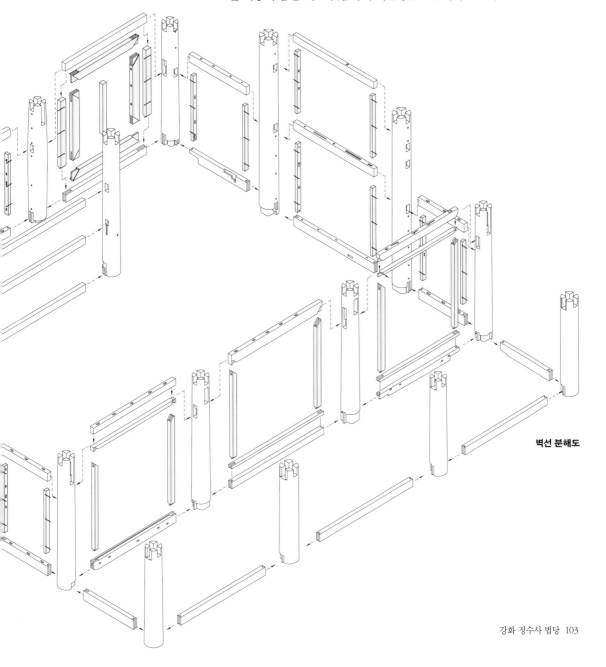

벽선 분해도

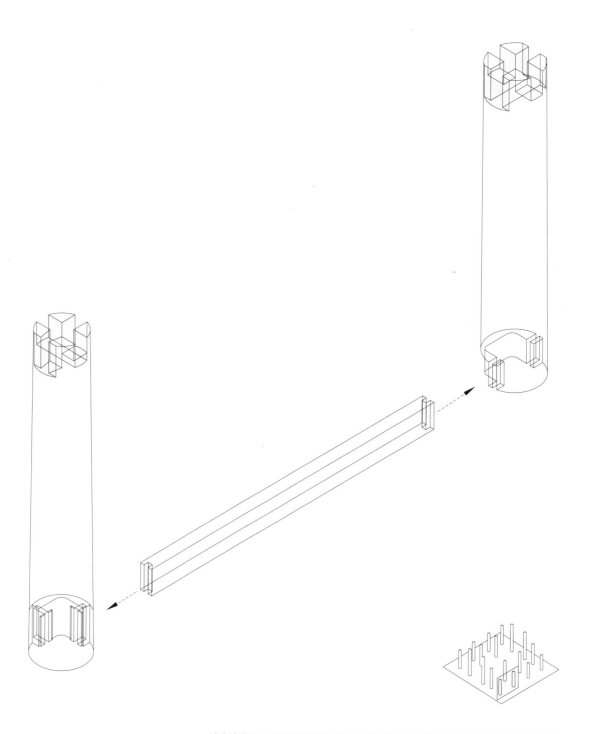

전퇴 협칸(동) 도리방향 하인방 · 전퇴 구간의 인방은 하인방만 있다. 기둥 아래에서 쌍장부맞춤
하였다. 쌍장부는 인방 한쪽에서 깊게 하여 좌우로 이동하면서 맞춘다. 기둥 사이에 낀 다음에는
산지를 박아 고정한다. 정수사 법당은 하인방이 기둥 밑둥에 완전히 내려와 있는 것이 특징인데
이러한 구조에서는 인방재를 고정하는 산지가 위에서 보이는 문제점이 발생한다. 인방의 모습이
나 맞춤법은 정칸과 협칸에서 일치하며 차이가 없다.

전퇴 정칸 도리방향 하인방

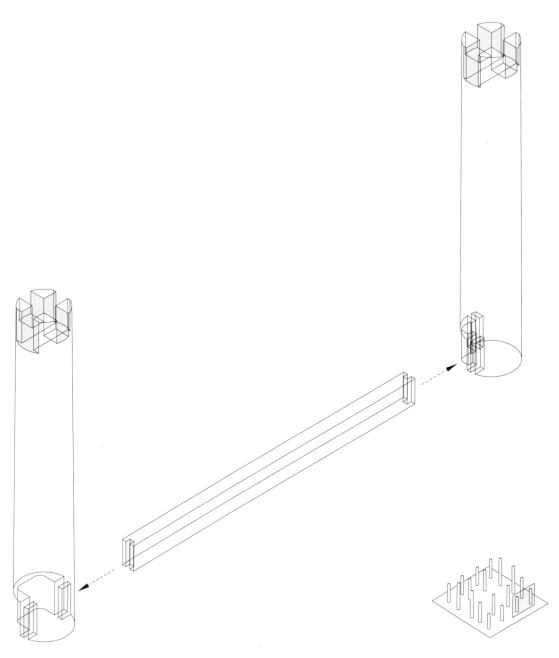

전퇴 협칸(서) 도리방향 하인방

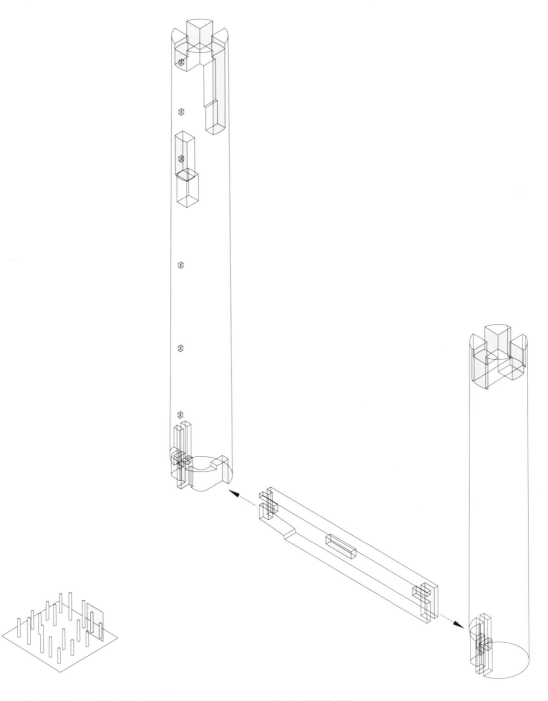

동쪽 전퇴 하인방 • 동쪽 전퇴 하인방은 벽이 없기 때문에 벽선과 맞춰지지 않으며 하인방만 사용
하였다. 하인방은 앞뒤 기둥 사이에 쌍장부로 맞춤되었으며 내부 쪽 측면에는 마루귀틀이 꽂혀지
는 외장부구멍이 있다. 외장부구멍은 중앙과 기둥 쪽에 있기 때문에 인방의 결구가 복잡해 보인다.

동쪽 전면 협칸 인방과 벽선 • 전면 협칸은 벽이 있기 때문에 인방과 벽선이 동시에 구성되었다. 하
인방은 기둥하부에 쌍장부맞춤으로 연결되었으며 중인방은 통장부맞춤하였다. 대개는 중인방을
쌍장부로 하는 것과 다른 고식기법이라고 할 수 있다. 벽선은 아무런 맞춤 없이 각목을 기둥 옆에
못을 박아 고정했다. 중인방이 들어가는 장부구멍은 고주 쪽은 인방과 크기가 같게 하였으나 평
주 쪽은 장부구멍이 위 아래로 두 개가 있다. 고주 쪽에 먼저 인방을 넣은 다음 평주 쪽은 밑에 있
는 장부구멍에 먼저 기울여 넣은 다음 위로 올리고 하단의 장부구멍에는 쐐기를 박아 고정하기
때문이다. 그래서 하단의 장부구멍이 상단보다 크게 파진 것이다. 상하인방 아래와 위에는 심벽
을 만들기 위한 중깃을 꽂았던 구멍이 나 있다.

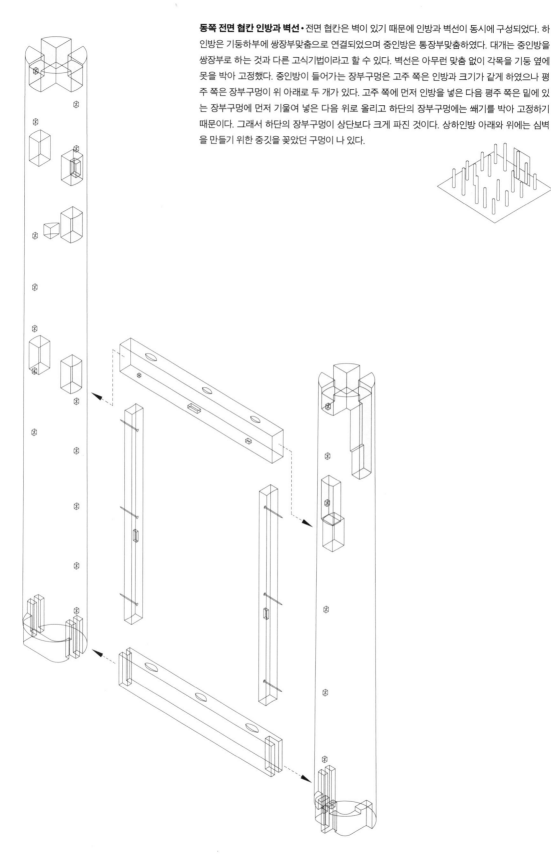

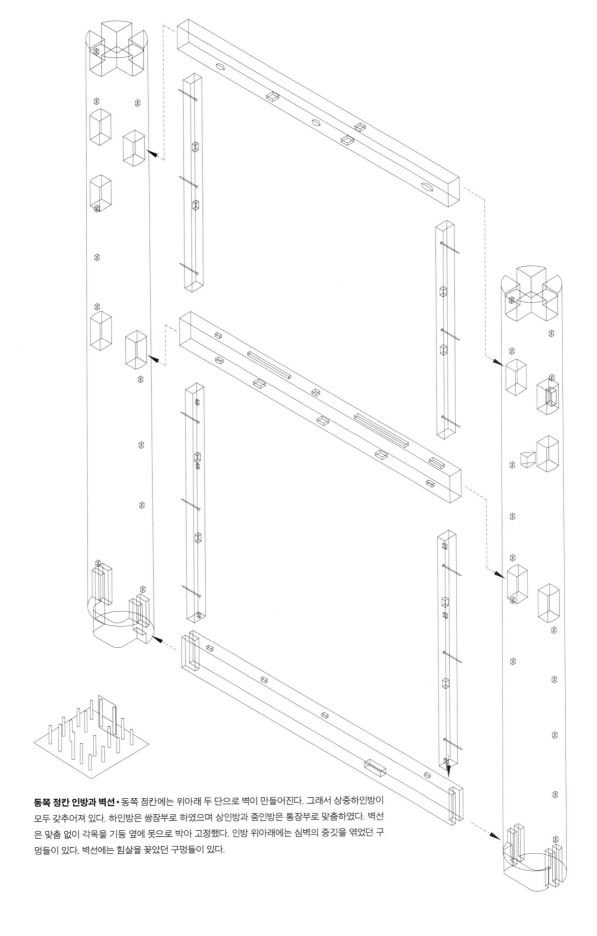

동쪽 정칸 인방과 벽선 • 동쪽 정칸에는 위아래 두 단으로 벽이 만들어진다. 그래서 상중하인방이 모두 갖추어져 있다. 하인방은 쌍장부로 하였으며 상인방과 중인방은 통장부로 맞춤하였다. 벽선 은 맞춤 없이 각목을 기둥 옆에 못으로 박아 고정했다. 인방 위아래에는 심벽의 중깃을 엮었던 구 멍들이 있다. 벽선에는 힘살을 꽂았던 구멍들이 있다.

동쪽 후면 협칸 인방과 벽선 • 전면 협칸과 기본적인 구성은 같다. 초석의 높이가 뒤로 갈수록 높아지기 때문에 하방 한쪽은 초석에 맞춰 그렝이를 떴다. 하방은 쌍장부맞춤으로 기둥에 고정했다. 내부 쪽에 계단형으로 홈구멍이 있는데 이는 이 부분에서 마루가 한 단 높아지기 때문에 귀틀이 연결되기 위한 장부이다. 중인방은 통장부로 하였고 중방 상하에는 중깃을 엮었던 장부구멍이 있다. 벽선은 각목을 맞춤 없이 못으로 기둥에 고정했으며 심벽의 힘살을 걸기 위한 작은 장부구멍이 있다. 고주에는 중방 위에도 통장부 구멍이 있는데 쓰임을 알 수 없다.

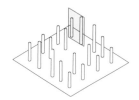

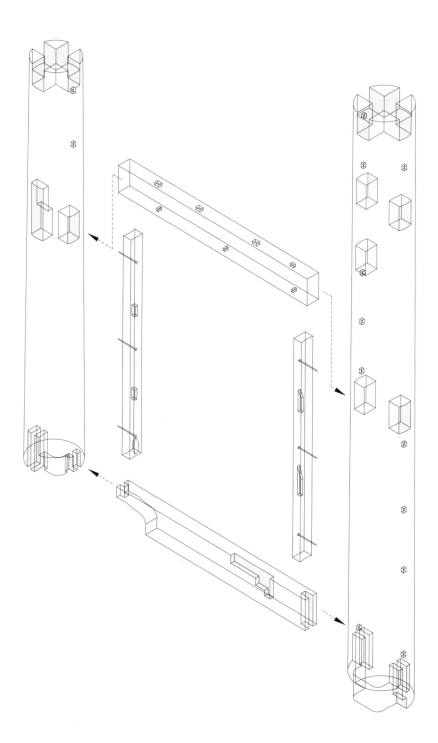

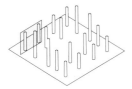

후면 서쪽 협칸 인방과 문얼굴 • 후면의 동서 협칸에는 외짝문이 달렸다. 후면은 상중하인방이 모두 갖추어져 있으며 중방 위쪽은 회벽으로 마감했다. 하인방은 쌍장부로 맞춤하였고 중인방은 통장부로 하였다. 벽선은 각목을 기둥에 못으로 박아 고정하였으나 하부는 외장부로 하여 하방에 맞춤한 것이 다른 구간과 차이점이다. 중방과 하방 및 벽선 안쪽에는 문얼굴을 들였다. 문얼굴은 안팎으로 연귀가 보이는 쌍연귀로 맞춤하였는데 상하부재를 숫장부로, 좌우 부재를 암장부로 하여 맞춤하였다. 문얼굴 가운데에는 각목으로 맞춤 없이 양분하여 문설주를 세웠는데 반쪽은 벽이고 반쪽은 문짝을 달았다.

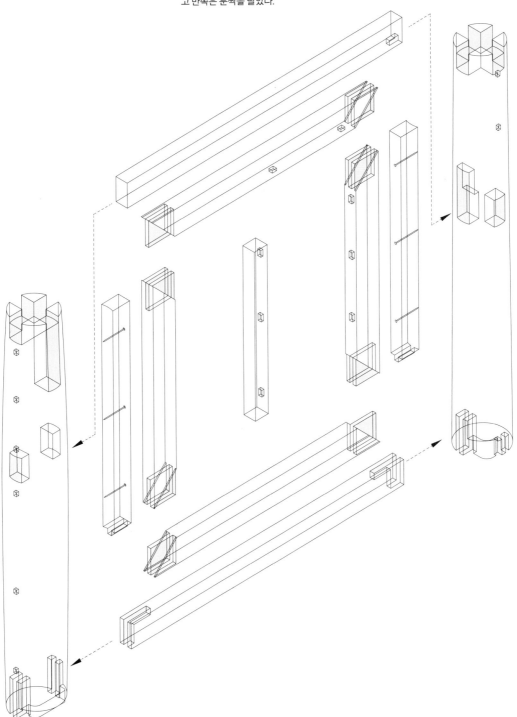

후면 정칸 인방과 문얼굴 · 후면 정칸에는 두 짝 여닫이문을 달았다. 상인방은 통장부로 기둥에 맞춤하였으며 하인방은 쌍장부로 맞춤하였다. 양쪽 벽선은 각목을 맞춤 없이 기둥에 못으로 박아 고정하였으며 양쪽의 문설주는 위아래를 외장부로 하여 중인방과 하인방에 연결하였다. 문설주가 서는 하인방 쪽의 암장부는 조금 길게 파서 문설주가 원활하게 끼일 수 있도록 했으며 좌우로 움직이지 않도록 정방형의 촉을 박아 고정했다. 중인방과 상인방 사이는 심벽으로 했다.

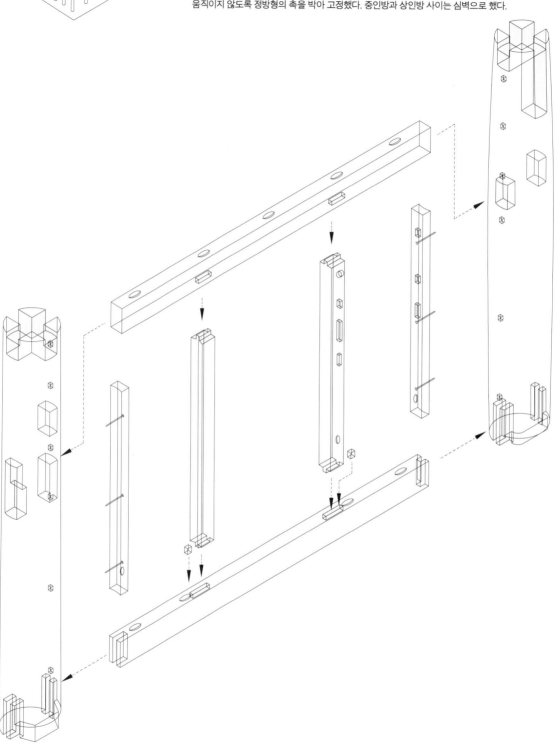

후면 동쪽 협칸 인방과 문얼굴 • 후면 동쪽 협칸도 서쪽 협칸과 같이 중인방과 하인방 사이를 반으로 나눠 한쪽에는 외짝문을 달았고 한쪽에는 벽을 만들었다. 하인방은 쌍장부맞춤이며 상인방은 독특하게도 한쪽은 쌍장부로, 반대쪽은 통장부로 하여 맞춤법이 다르다. 벽선은 각목으로 맞춤 없이 못으로 기둥에 고정했고 그 안쪽에 문얼굴을 들였으며 문얼굴 가운데 문설주를 세우고 한쪽에 문을 달았다. 문얼굴은 쌍연귀로 맞춤하였다.

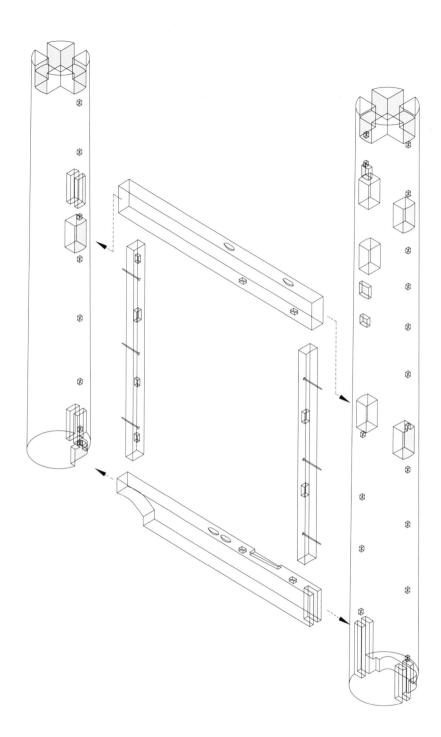

서쪽 후면 협칸 인방과 벽선 · 동쪽 후면 협칸과 기본적으로 같다. 다만 하인방이 한쪽은 쌍장부
이고 반대쪽(북쪽)은 통장부로 했다는 것이 다르다. 중인방은 양쪽 모두 통장부이며 벽선은 각목
으로 맞춤 없이 기둥에 못으로 고정했다.

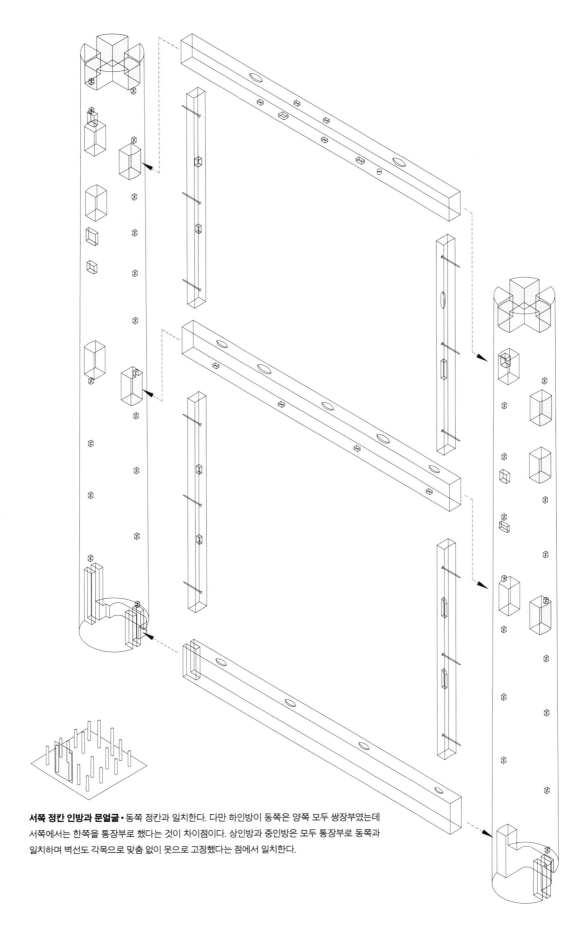

서쪽 정칸 인방과 문얼굴·동쪽 정칸과 일치한다. 다만 하인방이 동쪽은 양쪽 모두 쌍장부였는데 서쪽에서는 한쪽을 통장부로 했다는 것이 차이점이다. 상인방과 중인방은 모두 통장부로 동쪽과 일치하며 벽선도 각목으로 맞춤 없이 못으로 고정했다는 점에서 일치한다.

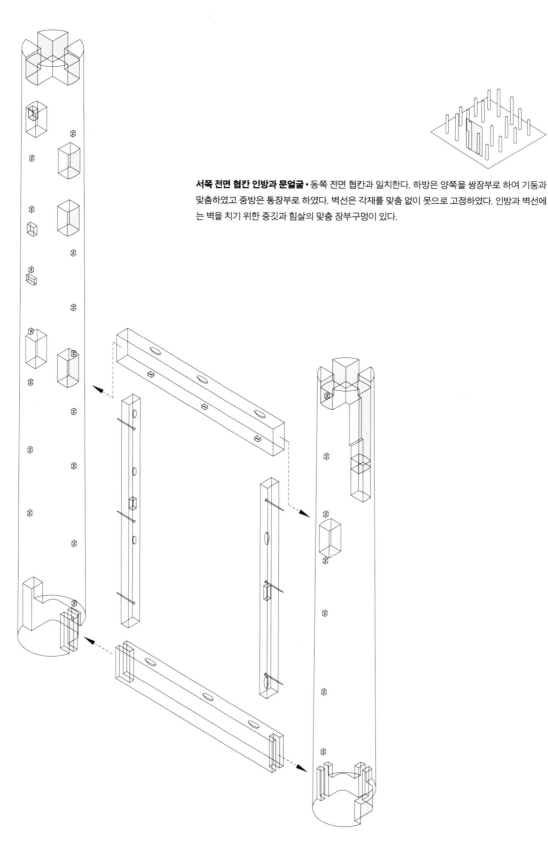

서쪽 전면 협칸 인방과 문얼굴 • 동쪽 전면 협칸과 일치한다. 하방은 양쪽을 쌍장부로 하여 기둥과 맞춤하였고 중방은 통장부로 하였다. 벽선은 각재를 맞춤 없이 못으로 고정하였다. 인방과 벽선에는 벽을 치기 위한 중깃과 힘살의 맞춤 장부구멍이 있다.

서쪽 전퇴 하인방 · 동쪽의 하인방과 일치한다. 양쪽을 쌍장부로 하여 기둥에 맞춤하였고 내부 쪽에는 마루귀틀을 맞추기 위한 외장부맞춤 장부구멍이 있다.

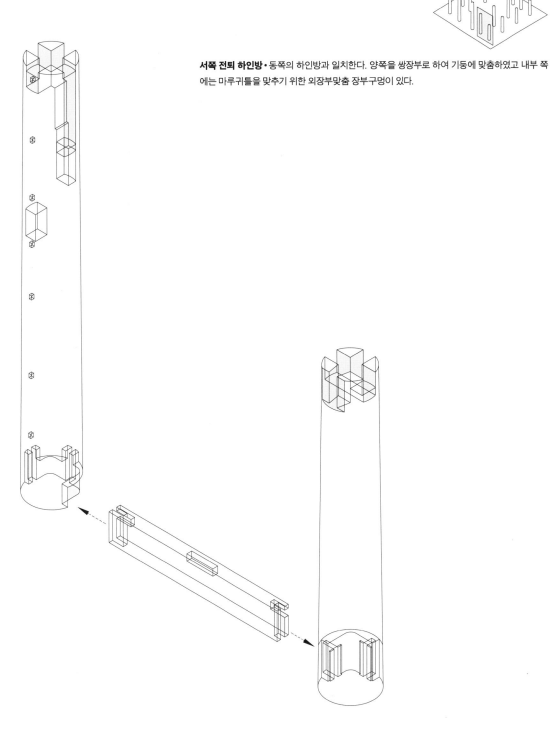

전면 서쪽 협칸 문얼굴 • 하인방은 기둥 하단에 맞춰 쌍장부로 맞춤하였으며 상인방은 통장부맞춤
하였다. 상인방 아래에는 문상방이 별도로 있으며 하인방은 문지방을 겸하고 있다. 하인방과 문
상방 사이에는 벽선을 연결하여 이를 문얼굴 삼아 꽃살창호를 달았다. 문상방은 벽선과 연귀맞춤
하였고 상인방과는 맞댄이음으로 하였다. 하인방과 벽선은 외장부맞춤하였다.

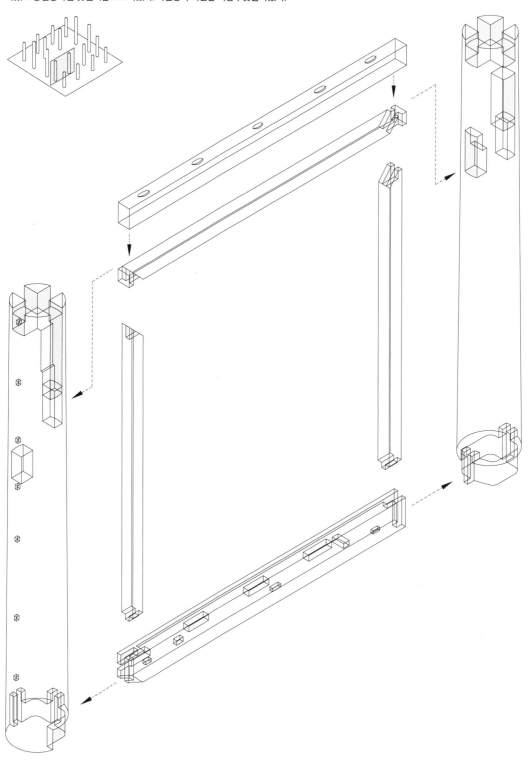

118

전면 정칸 문얼굴 · 정칸의 상인방은 협칸과 달리 문상방을 겸하고 있으며 거꾸로 하인방 위에는 문지방을 별도로 두고 있다. 하인방과 문지방은 맞댄이음으로 연결하였고 양쪽은 쌍장부로 하여 기둥에 맞춤하였다. 상인방과 벽선은 연귀맞춤으로 하였으며 벽선은 기둥과 맞댄이음으로 하였다.

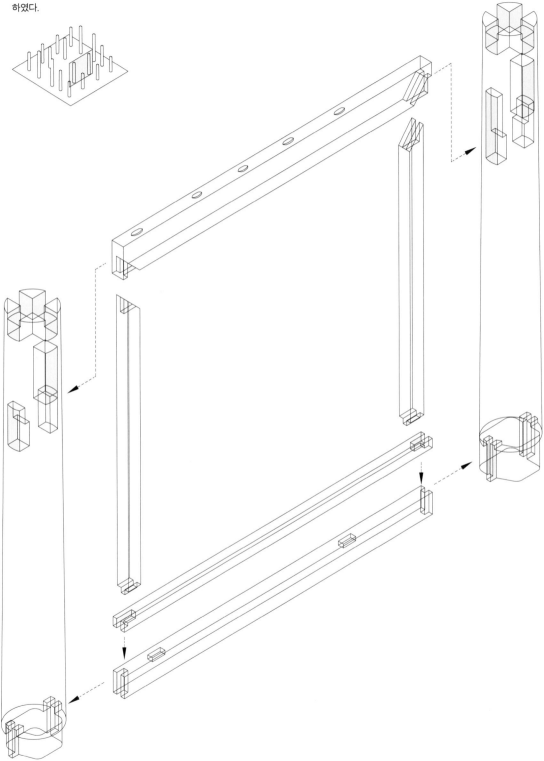

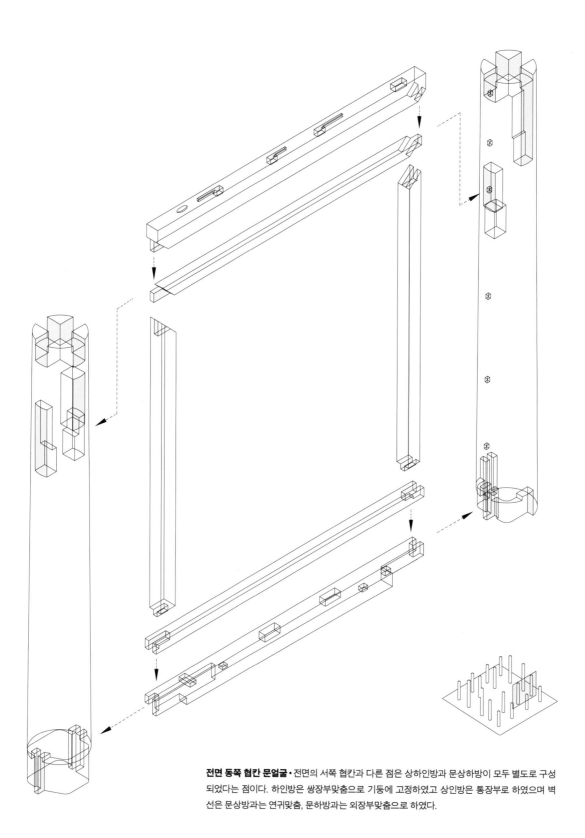

전면 동쪽 협칸 문얼굴 • 전면의 서쪽 협칸과 다른 점은 상하인방과 문상하방이 모두 별도로 구성되었다는 점이다. 하인방은 쌍장부맞춤으로 기둥에 고정하였고 상인방은 통장부로 하였으며 벽선은 문상방과는 연귀맞춤, 문하방과는 외장부맞춤으로 하였다.

후면 내고주 인방 · 후면 내고주는 불단 후불벽이 만들어져 있는 부분이다. 상중하인방이 모두 통
장부로 기둥과 맞춤되었으며 다른 흔적은 없다.

빗반자

빗반자의 반자틀은 대란은 주심 뜬장혀에 'X'자로 걸었으며 소란은 그 사이에 '十'자로 걸었다. 그 결점은 연화로 마감했다. 뜬장혀와는 통장부로 맞춤했으며 대란과 대란은 반턱맞춤으로 하였고 대란과 소란은 걸침턱맞춤으로 하였다.

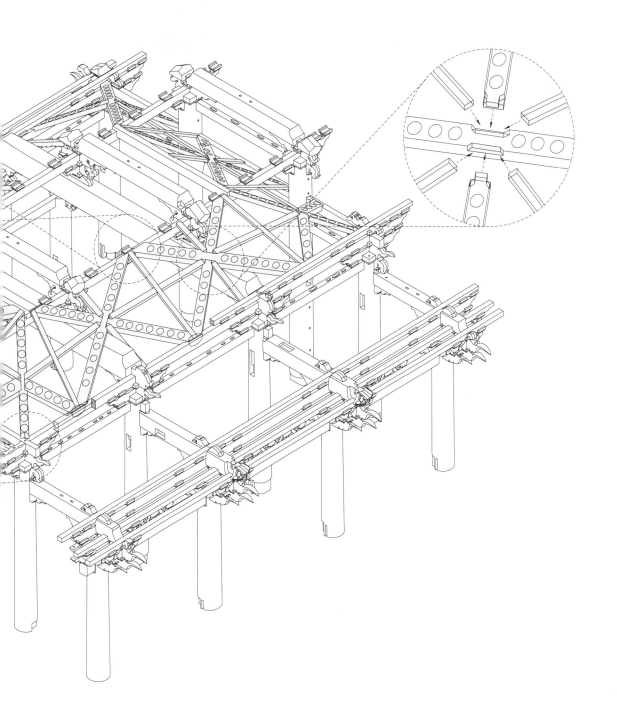

우물반자

우물반자틀은 귀틀을 '井'자로 결구하였고 반자틀 내에서는 소란을 사방으로 돌려 못으로 고정하고 위에서 청판으로 끼워 빠지지 않도록 한다. 따라서 우물반자는 청판을 밑에서 들어 올리면 열리는 구조이다.

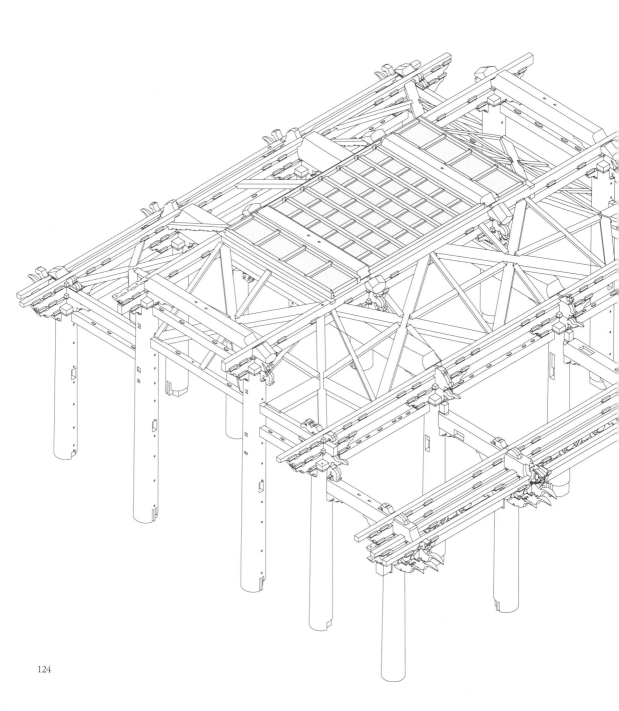

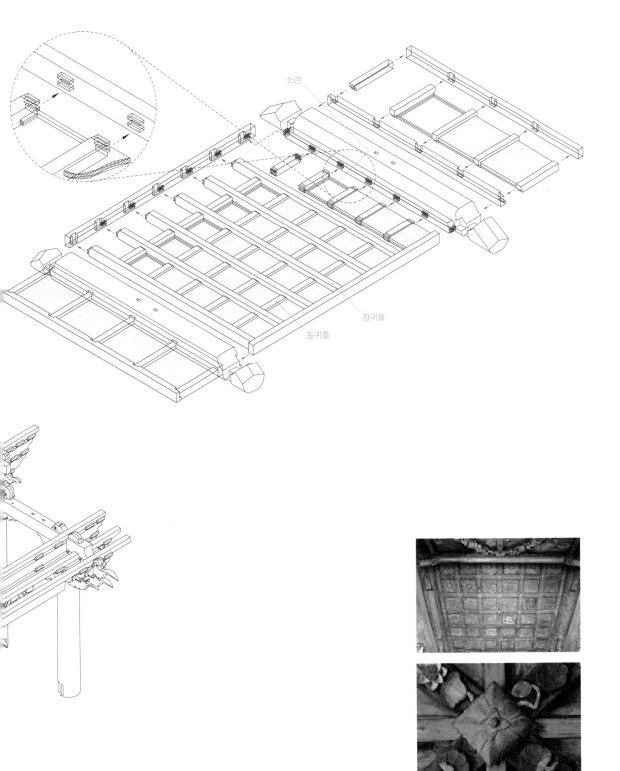

소란

장귀틀

동귀틀

우물반자 상세 • 우물반자의 장귀틀 끼리는 내림턱쌍장부맞춤으로 하였다. 장귀틀에 결구되는 동
귀틀도 모두 쌍장부로 하였다. 전체 틀을 만들어 놓고 장귀틀과 동귀틀을 동시에 조립해야 맞춰지
는 구조이다. 일반적으로 반턱걸침으로 하는 구조와는 다른 방법을 사용했으며 장귀틀과 동귀틀
이 독립적으로 움직임 없이 결구할 수 있는 방법이다.

우물마루

우물마루는 장귀틀과 동귀틀, 마루청판으로 구성된다. 장귀틀과 기둥의
결구는 기둥하부를 장귀틀 두께 만큼 일정한 두께로 걷어내고 여기에 귀
틀을 통맞춤으로 결구한다.

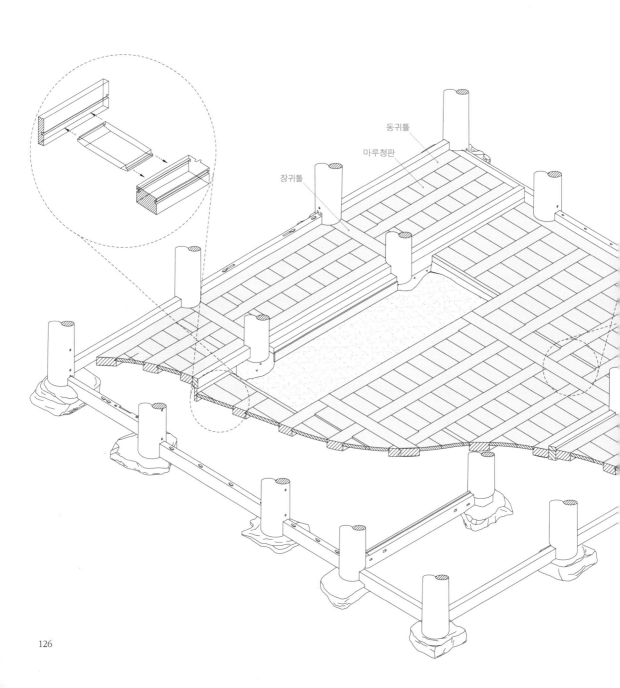

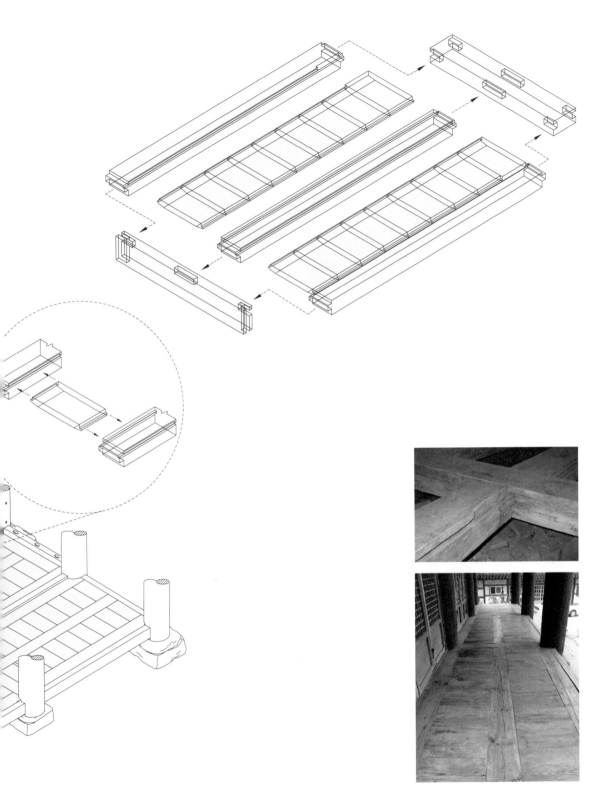

우물마루 상세 · 장귀틀에 동귀틀을 끼울 때는 외장부로 하며 외장부 촉은 한쪽을 길게 하여 좌우로 움직이며 고정하고 빠져나온 쪽에 쐐기를 박아 고정한다. 청판과 귀틀은 제혀쪽매로 하여 끼우며 청판과 청판은 가공 없이 맞댄이음으로 붙여 나간다.

평면도

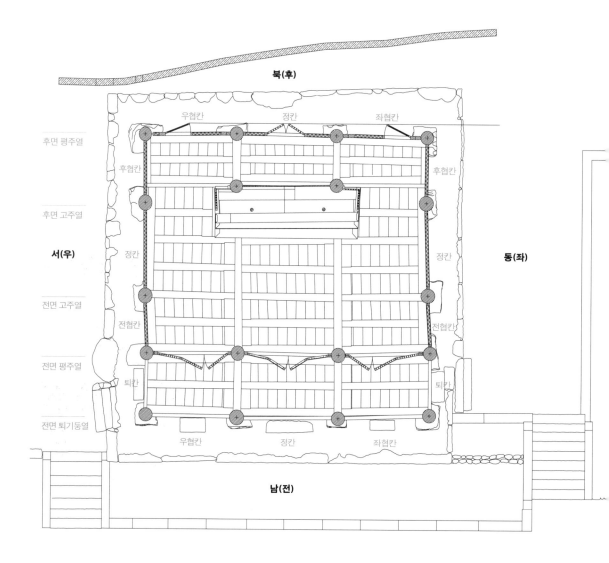

북(후)

후면 평주열

우협칸　　정칸　　좌협칸

후협칸　　　　　　　　후협칸

후면 고주열

서(우)　　정칸　　　　　　　　　정칸　　동(좌)

전면 고주열

전협칸　　　　　　　　전협칸

전면 평주열

퇴칸　　　　　　　　　퇴칸

전면 퇴기둥열

우협칸　　정칸　　좌협칸

남(전)

0　1　2　　4M

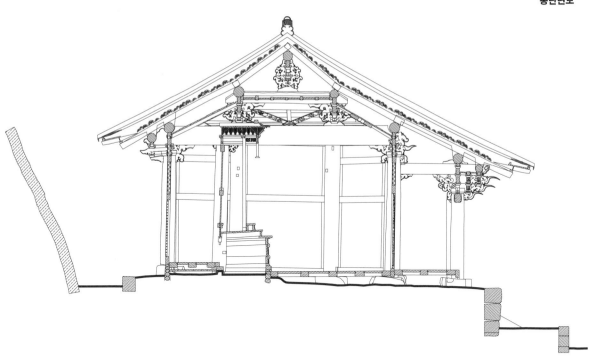

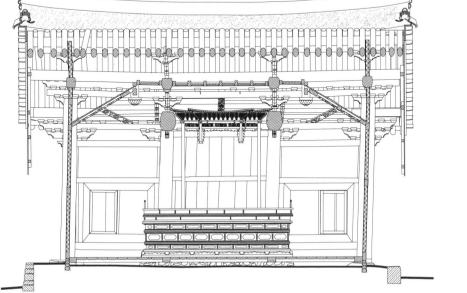

정면도

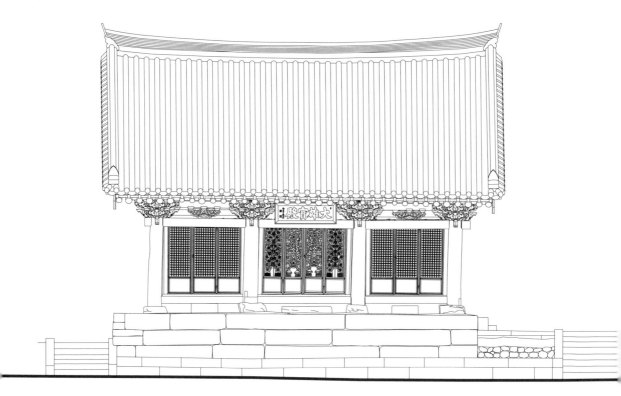

서측면도

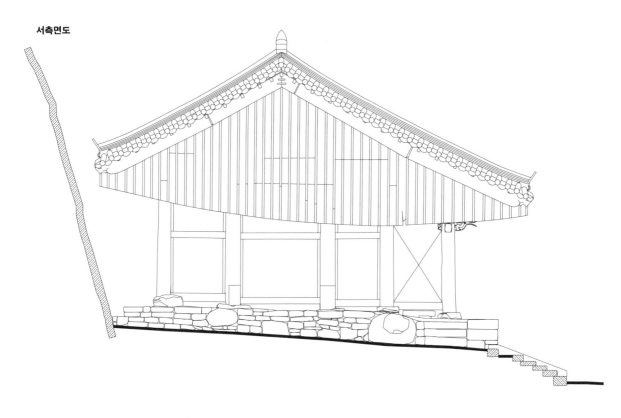

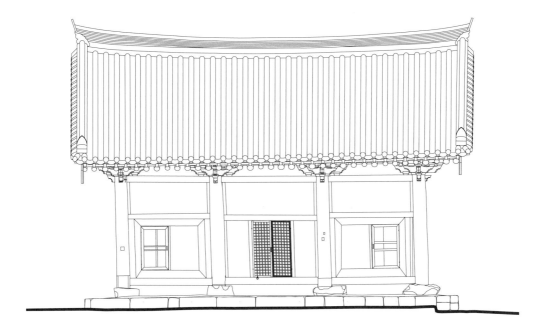

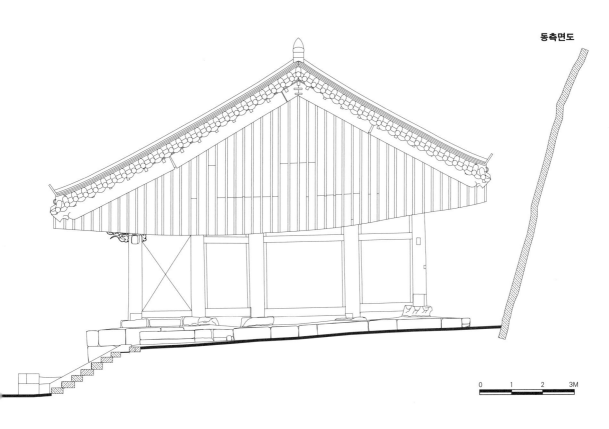

0 1 2 3M